最新 よくわかる
教育の基礎

湯川　次義
久保田英助
奥野　武志

【編著】

学文社

執筆者

＊湯川　次義 （ゆかわ　つぎよし）	早稲田大学名誉教授（第1章）	
浜野　兼一 （はまの　けんいち）	淑徳大学人文学部歴史学科教授（第2章）	
大岡　ヨト （おおおか　よと）	早稲田大学・共立女子大学非常勤講師（第3章）	
大岡紀理子 （おおおか　きりこ）	早稲田大学・拓殖大学非常勤講師（第4章）	
姜　　華 （きょう　か）	貞静学園短期大学保育学科教授（第5章）	
梅本　大介 （うめもと　だいすけ）	愛知みずほ大学人間科学部准教授（第6章）	
杉山　実加 （すぎやま　みか）	名古屋短期大学保育科准教授（第7章）	
＊奥野　武志 （おくの　たけし）	弘前学院大学文学部英語・英米文学科教授（第8章）	
呉地　初美 （くれち　はつみ）	元千葉工業大学非常勤講師（第9章）	
山本　　剛 （やまもと　たけし）	有明教育芸術短期大学子ども教育学科准教授（第10章）	
MAMATKULOVA Nilufar （ママトクロヴァ　ニルファル）	早稲田大学非常勤講師（第11章）	
江津　和也 （ごうつ　かずや）	淑徳大学総合福祉学部教授（第12章）	
木田竜太郎 （きだ　りょうたろう）	関西福祉科学大学教育学部教育学科教授（第13章）	
岡村　健太 （おかむら　けんた）	九州ルーテル学院大学人文学部人文学科准教授（第14章）	
＊久保田英助 （くぼた　えいすけ）	関東学院大学社会学部教授（第15章）	
野口　穂高 （のぐち　ほだか）	早稲田大学教育・総合科学学術院教授（第16章）	

（執筆順，＊編者）

はしがき

　本書は，教職課程科目や教育学の基礎を学習する学部学生のためのテキストとして編集・刊行したものである。教育・学習の意味や本質，学校教育の諸原理・方法，さらにそれらを支える諸制度の意味を考えることを中心にして，教職という専門職のために必要な基礎知識や，教育についての基本的な考えを養うための手引きとして本書を編集した。

　本書の特徴は，書名に示したように，教育の原理について，その基礎をおさえるとともに，「わかりやすい」ことを重視したことにある。内容的には，主に学校教育に関わる各領域の基本的な理論や知識をまとめ，文章も平易なものにして，読者が理解しやすいように心掛けた。さらに，各章の冒頭では，その章で取り上げる課題の意味を明らかにし，かつ章の主な内容を記すことにより，学ぶ必要のある事項を把握しやすいようにした。

　章構成については，教育職員免許法施行規則に定められた事項に対応させ，主に学校教育を成り立たせている基本事項を網羅した。このようなことから本書は，第1章「教育の意義」，第2章「発達と教育」，第3章「教育の目的」，第4章「教育課程」，第5章「教育の方法」，第6章「道徳教育」，第7章「特別活動」，第8章「生徒指導」，第9章「学校経営・学級経営」，第10章「教員」，第11章「教育制度」，第12章「教育法規」，第13章「教育行政」，第14章「教育思想（西洋）」，第15章「日本教育史」第16章「現代社会と教育」から構成している。

　ところで，これら16の章のタイトルを見たとき，小・中・高校で学びを重ねてきた皆さんは，「教育思想」「教育法規」などの一部を除くと，おおよその内容を理解でき，それぞれの事項について自分なりの知識や考えをもっていると思うのではないだろうか。もちろん，体験に基づく自分なりの考えをもつことは大切であるが，しかしその知識や考えは果たして客観的であり，また教育学の理論に基づいたものといえるのだろうか。

例えば，第1章の「教育の意義」について取り上げると，自分自身が学ぶことの意味，学んだ結果どのような能力が自分の中に形成されたのかを，皆さんは明確に説明できるだろうか。さらには「教育を受ける権利」についても，なぜ人間にとって教育を受けることが権利として位置づけられているのかを，理論的に説明できるだろうか。私の経験では，残念ながら，教育学を専門とする大学生に尋ねても，これらを明確な論理で答えられる学生は少ない。

これ以外に，本書で取り上げた各章の内容に即した基本的な問いとしては，人間の発達の内容や発達と教育の関係はどのようなものか，学校での学習により私たちはどのような人間へと成長することが期待されているのか，教科内容や教科外の活動がどのような理論で構成されているのか，授業や学習方法はどのような理論的基盤で成り立っているのか，などを発することができよう。さらには，生徒としての体験の範疇に属さない事柄，例えば，古代ギリシャから今日に至るまで人々は教育の理想をどのように設定したのか，また私たちの学びを支える学校制度・公教育・教育行政はどのような意義や機能をもつのか，学校以外の教育的営みにはどのようなものがあるのかなどについては，知ることもなかったのではないだろうか。

このように考えると，私たちは教育・学校・教員などについて体験的な知識はもっているが，実はそれらの基本的な原理や学問的意味について未知の部分も少なくなく，また教育的な考え方もあまりもっていなかったことに気づくのではないだろうか。当然のことながら，学校教育の基盤には，学問としての教育学の専門的な理論が存在しており，それを学ばなければ，教育や学校を真に理解したということはできない。

教育の基本的事項やその理論を学ぶことには二つの意義があると考える。第一には，学習の意味や教育的価値を客観的，論理的に学ぶことにより，自身の価値観の形成や職業を見据えた，大学での自覚的な学習が可能になる。それにより，将来の自己を見通した自覚的な学び，すなわち「自己形成」を実り多いものにできるといえよう。第二には，教育という事象を成り立たせている基本原理を確実に学ぶことが，これからの教育の在り方を考えることや教育実践の

土台となるのである。本書はその基盤を提供するものと考える。

　教員を目指すにしても，単にそのための知識や技術を取得するだけではなく，大学で教科の基盤となる専門的学問を深く学び，自分自身を豊かに形作ることが重要であり，このような人間が教職に就くのに相応しいと考える。なぜなら，人間が学ぶ意義を知り，自覚的に豊かな人間的成長を遂げていない教員が，子どもの学習や人間的成長に関わることができないからである。このことは，教員にならなくても，一人の親・社会人として，日本の教育に関わる場合でも同じである。このようなねらいをもって，本書を編集・執筆した。

　本書は，『新編　よくわかる教育の基礎』(2015年) を元にしてかなりの修正・加筆を加えて全体をまとめたものである。修正・加筆した主な理由は，文部科学省が2019年度からの教職課程の内容を大きく改正する「教職課程コアカリキュラム」を示し，「教育の基礎理論に関する科目等」にもかなりの修正を求めたことがある。これに伴い，いわゆる「教育原理」的な学科目にも追加事項が必要となった。

　主な追加事項を上げると，「教育に関する思想」の領域として欧米の代表的な教育家の思想を加え，また「学校の経営的事項」を重視し，「学級経営」「学校と地域との連携」「学校安全への対応」を加えた。さらに，学習指導要領についても2017・18年の改訂も踏まえて加筆し，「特別の教科道徳」についても丁寧に説明した。

　本書の執筆者は私の大学院のゼミで共に学んだ方々が中心であるが，各章は各人の責任で執筆され，最後に編者が全体的な調整を行ったが，全体的な統一は必ずしも十分ではなかった。

　なお，各章を執筆するために数多くの文献・辞典・法規集などを使用したが，その一部を読者の利用に役立つよう各章の最後に記した。辞典・法令集以外にも，教育原理や教育学概論などの書籍も使用させていただいたが，数も多いこともあり，その書名は特に記載しないことにした。これらの書籍の執筆者の方々にも，多くのことを学ばせていただいたお礼を申し上げたい。

　編者としては，執筆者を代表して，本書が教職を目指す学生の皆さんの教育

的省察や実践の基盤になれば幸いと考える。

　なお，本書の刊行をお引き受けいただき，編集の労をとって下さった学文社の田中千津子社長，編集部の諸氏に心からお礼を申し上げたい。

　2019年2月3日　　　　　　　　　　　　　　編集代表者　湯川　次義

目　次

第1章　教育の意義……………………………………………1

1　人間にとっての教育の意味　1
2　人間の特性と教育　2
3　人間の可能性と教育の必要性―社会的視点と個人的視点―　5
　　1　人間の可能性と文化の学習　5／**2**　人間的生存と教育を受ける権利　8
4　形式陶冶と実質陶冶　10

第2章　発達と教育……………………………………………13

1　子どもの発達　13
　　1　発達とは　13／**2**　発達の要因　14／**3**　発達段階と発達課題　16
2　各段階の発達の特徴　20
　　1　乳児期の発達　21／**2**　幼児期の発達　22／**3**　児童期の発達　24／
　　4　青年期の発達　26

第3章　教育目的………………………………………………29

1　教育目的とは　29
　　1　教育目的の普遍性と相対性　30／**2**　教育目的の基本的側面　31
2　教育目的の歴史的変遷　34
　　1　戦後教育改革期の教育目的　35
3　現在の学校教育の教育目的と教育目標　35
　　1　「教育基本法」の改正　35／**2**　学校教育法の改正　37

第4章　教育課程………………………………………………41

1　教育課程とは　41

1 教育課程の意義　41／2 「顕在的カリキュラム」と「潜在的カリキュラム」　43／3 教育課程の3つの次元　43／4 教育課程の諸類型　44
　2 戦後の日本の教育課程—学習指導要領を中心にして—　46
　　1 教育課程の編成と学習指導要領　46／2 学習指導要領の歴史的変遷　46／3 2017・2018年改訂の教育課程の特徴　52／4 学力の振り子論　53

第5章　教育の方法……………………………………………………55

　1 教授理論の歴史　55
　　1 コメニウスの実物教授　55／2 ルソーの自然主義教育　56／3 ペスタロッチの直観教授法　56／4 ヘルバルトの段階教授説　57／5 デューイの進歩主義教育　57
　2 教育方法の基本原理　58
　　1 系統主義　58／2 経験主義　58
　3 学習指導の形態およびその特質　59
　　1 一斉授業　59／2 グループ学習　61／3 個別学習　61／4 コンピュータ，インターネットを利用した授業　62
　4 授業の計画・実践と評価　62
　　1 授業の計画と実践　63／2 教育評価（授業評価）　63

第6章　道徳教育……………………………………………………66

　1 道徳教育とは　66
　2 近代日本における道徳教育　68
　3 戦後の道徳教育改革とその展開　69
　4 現代の道徳教育　71
　5 道徳教育の実際　75
　6 道徳教育の課題　78

第 7 章　特別活動 ………………………………………………………… 81

1　特別活動とは　81

　1 特別活動の意義・目標　81／**2** 特別活動の特質　83

2　特別活動の内容　84

　1 学級・ホームルーム活動　84／**2** 児童会・生徒会活動　84／**3** 学校行事　85／**4** クラブ活動（小学校のみ）　85

3　学習指導要領にみる特別活動の変遷　86

　1 1947年の学習指導要領【自由研究】　86／**2** 1951年の改訂【特別教育活動の新設】　87／**3** 1958年の改訂【名称の統一・学校行事の分離】　87／**4** 1968，1969年の改訂【学校行事の再統合・学級指導・クラブ必修化】　88／**5** 1977，1989，1998年の改訂【目標と内容の充実と再構成・クラブ廃止】　89／**6** 2008年の改訂【活動内容の目標の明言化】　89／**7** 2017年の改訂【3つの視点，学びの過程の具体化，キャリア教育】　89

4　特別活動に期待される役割　90

第 8 章　生徒指導 ………………………………………………………… 92

1　生徒指導とは　92

　1 生徒指導の定義　92／**2** 生徒指導の目的　93／**3** 生徒指導の内容　94／**4** 生徒指導の理論的背景　96／**5** 生徒指導の方法　97

2　生徒指導の実際　98

　1 教科・教科外活動と生徒指導　98／**2** 教育相談　98／**3** 懲戒と体罰　99／**4** 生徒指導体制　100／**5** 今日的教育課題への対応　101

第 9 章　学校経営・学級経営 ……………………………………………… 103

1　学校経営の基本的な考え方　103

　1 学校経営とは　103／**2** 学校教育目標　104／**3** 学校経営方針　105／**4** 学校運営組織　105／**5** 学校評価　106

2　学級経営の基本的な考え方　107

　　　　1 学級経営とは　107／**2** 学級経営の計画　108

　　3　学級経営の具体的な内容　109

　　　　1 授業づくり（教育課程経営）　109／**2** 学級集団づくり（集団経営）　110／**3** 教室環境づくり（環境経営）　112／**4** 学級経営上の事務等（基盤経営）　113

　　4　学校経営・学級経営と家庭，地域社会との連携・協力　115

　　　　1 学校経営と家庭や地域との連携・協力　115／**2** 学級経営と家庭・保護者との連携・協力　116

第10章　教　　員 …………………………………………………118

　　1　教員という職業　118

　　2　日本の教員養成の歴史　120

　　　　1 師範学校での教員養成　120／**2** 戦後の開放制教員養成への転換　120

　　3　多様な教員像　121

　　　　1 教員像の類型　121

　　4　教員の身分・職務・研修　123

　　　　1 教員における服務の根本基準　124／**2** 教員の権利としての研修　125

　　5　これからの教員をめぐる動向と課題　126

　　　　1 求められる資質・能力　126／**2** 「教職実践演習」の導入と「教職大学院」の設置　127／**3** 教職の専門職性─専門家としての教員　127

第11章　教育制度 ……………………………………………………129

　　1　公　教　育　129

　　　　1 公教育の定義　129／**2** 公教育制度の歴史　130／**3** 公教育の3原則　131

　　2　現行の学校教育制度　133

　　　　1 学校体系　133／**2** 日本の学校教育　134／**3** 就学前教育制度　136／**4** 初等・中等教育制度　136／**5** 高等教育制度　137／**6** 特別支援教

育制度　139
　3　外国の学校制度　139
　　　1 アメリカ合衆国の学校制度　139／**2** イギリスの学校制度　140／**3** ドイツの学校制度　142／**4** 中華人民共和国の学校制度　143
　4　公教育制度の今日的課題　144

第12章　教育法規　145

　1　教育法規を理解するための基本原理　145
　　　1 教育法規とは　145／**2** 法体系と原理　146
　2　教育の基本に関する法規　148
　　　1 「日本国憲法」　148／**2** 「教育基本法」　149
　3　学校教育に関する法規　151
　　　1 「学校教育法」　151
　4　教育行政に関する法規　154
　5　近年の動向と法令遵守の重要性　155
　　　1 近年の動向　155／**2** 教育現場における法令遵守　156

第13章　教育行政　158

　1　教育行政の基本原理　158
　　　1 教育行政とは　158／**2** 教育行政の3原則　159
　2　教育行政の組織と構造　161
　　　1 国の教育行政機関　161／**2** 地方の教育行政機関　164
　3　教育行政の課題　167

第14章　教育思想（西洋）　169

　1　古代の教育思想　169
　2　コメニウス　170
　3　ロック　171

  4 ルソー 172
  5 ペスタロッチ 174
  6 ヘルバルト 175
  7 フレーベル 176
  8 デューイ 177
  9 モンテッソーリ 179

第15章　日本教育史　……………………………………………………181

 1 近代公教育制度の成立 181

  ① 近代教育制度の確立　181／② 近代教育の展開　183／③ 大正・昭和戦前期の教育　185

 2 戦後新教育制度の確立 189

  ① 民主的教育制度の確立　189／② 教育基本法の制定　190／③ 教育の整備・拡充　191

第16章　現代社会と教育　………………………………………………193

 1 現代社会の変容と教育 193

  ① 子どもを取り巻く環境—学校・家庭・地域社会　193／② 日本の学校教育の諸課題　196

 2 今後の社会と教育 198

  ① 今後の教育とその目指すべきもの　198／② 世界の教育課題と日本の教育—国際理解と「共生」の教育　204

 索　　引　……………………………………………………………………207

第1章
教育の意義

> 私たちは，これまで20年近くにわたり家庭・学校・社会で学んできたが，学ぶ意義について深く考えることはあまりなかったのではないだろうか。自分自身が学ぶことの意味，人間にとっての教育の必要性などはほぼ考えず，極端にいえば良い成績をとることだけが，学校で学ぶ意義と考えていたのではないだろうか。大学生となった今日，将来の自己を形成するための学習の意義，さらには社会的にみた教育の機能などについて，理解を深める必要があるといえよう。
>
> このような観点に立ち，第1章では，なぜ人間は教育を受けなければならないのかといった教育の意義について，人間以外の動物にとっての教育の意味と比較することによって明らかにしたい。また，教育が必要な理由について，社会的側面と個人的側面から検討する。さらには，教育を受ける権利について考えるとともに，形式陶冶と実質陶冶という概念により，学習によって獲得できる能力の意味について検討する。

1 人間にとっての教育の意味

人間にとっての教育の意味を考える時，ドイツの哲学者であるカント（I. Kant, 1724-1804）の言葉がしばしば引用される。カントは，その著『教育学』において「人間は教育によってだけ人間になることができる」と述べている。カントの言葉にある前者の「人間」は，生物的存在としての人間，つまり「ヒト」を指しており，子どもや青少年のようなまだ十分な教育を受けていない「未熟」な存在とみることができる。一方後者の「人間」は，社会的・文化的存在としての人間であり，自立できる段階に至った「成熟」した人間を意味する。カントは，生まれたままの「未熟」な存在としての人間が「成熟」した人間となるのは，教育や学習を通じてはじめて可能になるのであり，文化を学ばなければ成熟した人間となることはできないと述べたのである。人間以外のほとんどの動物は，遺伝的形質のなかに行動様式が刷り込まれているため，成

長の過程で学ばなければならない部分が少なく，学ばなくても「成熟」が可能であることと対比させて考えると，この言葉の意味がより明確になる。カントの言葉は，人間にとっての教育・学習の意味的本質を適切に表現したものであり，さらには，人間と他の動物の間における教育のもつ意味の相違を明確に示した的確な表現といえよう。このような人間にとっての教育の意味をまとめ，カントは「人間は教育を必要とする唯一の被造物である」と述べている。付け加えるならば，カントは，人間が備えている自然的素質を調和的に発達させ，これを道徳的「人格」にまで高めることを教育の目的とした。

2　人間の特性と教育

　上述したように，カントは人間とそれ以外の動物にとっての教育の意味の相違を明確に示し，動物は養護（保育・扶養）を必要とせず，せいぜい「えさと保温と指揮」，すなわち一種の「保護」を必要とするだけである，とも述べている。次に，人間にとっての教育の意味をより深く考えるために，人間とそれ以外の動物の誕生直後から生後1年までの状態を比較する。

　アドルフ・ポルトマン（A. Portmann, 1897-1982）は，人間以外の動物について，誕生後比較的長い間親の庇護のもとで生活する動物と，誕生後短時間で親と同じ行動様式をとることができる動物とがいることに着目し，前者を就巣性の動物，後者を離巣性の動物とよんだ。就巣性の動物は，体の構造が比較的単純で，脳髄の発達も充分でなく，母体内に留まる期間が短い。そして生まれた子どもはひ弱で生命力に乏しく，多くは長期間にわたる親の庇護を必要とする。うさぎ，リスなどが就巣性の動物である。一方，離巣性の動物は猿，有蹄類などの高等な哺乳類であり，身体各部の機能の分化が進んでおり，脳髄も発達している。これらの動物は妊娠期間が長く，誕生直後からかなりの運動能力をもっており，たとえば馬は誕生後約20分で立ち上がることができる。また猿の脳髄が大人並みに脳髄が発達するのは約1年とされている。

　一方，人間の誕生直後をみると，短期間に巣立つという離巣性の動物特有の

性質をもっていない。人間はひ弱で生命力に乏しい状態で誕生し，頭・胴体・手足の大きさがアンバランスであるなど，その体形は親とはかなり異なる。吸乳，排泄，泣き声を発するなどの能力はあるものの，体温の維持も食物の摂取もできず，視力も不完全であり，喉頭は言葉を発するまでには成熟していない。歩行，話すことが可能になるのは1年後であり，このことをとらえ，ポルトマンは人間の「一年早産説」（生理的早産）を説いている。それぞれの器官が一応の機能を果たす程度に発達するのに必要な時間も，他の霊長類に比べてはるかに長い。

次に，その後の成長について比較すると，人間以外の動物はおよそ生後1年以内に自立するとされている。このように，人間以外の動物を総体的にみると，誕生直後であっても優れた行動力をもっているといえるが，それは遺伝的形質のなかに本能的な行動様式を織り込んで生まれてくるためであり，外界に対する適応の様式が一定のパターンとして備わっているのである。動物は，その生涯を過ごすためには本能と感性に加えて，若干の経験（学習）が必要なだけである。しかし，逆にこのことは動物の能力が可塑性に乏しく，適応の幅が狭いということを意味している。人間以外の動物は，成長・発達の内容が固定的であるために，誕生後の学習・訓練によって成長・発達の内容を大きく変えることができないのであり，学習の効果に大きなものを期待することはできない。別な面からみると，成長・発達の過程で教育の力をかりなければならない部分が極めて少ないといえる。

他方，人間の子どもは出生時はひ弱にみえるが，遺伝形質によって行動様式を固定されずに生まれるため，素質の特殊化が進んでおらず，特定の生息条件にとらわれずに生きることができる。人間は，生きるための能力を生活経験や学習によって身につけることができるのであり，外界に適応してゆける柔軟性・可塑性を備えている。出生時のひ弱さは人間の素質が極めて可塑性に富むことの証ともみることができ，人間は遺伝的形質のなかに豊かな学習能力を備えた動物といえる。

すでに述べたように，一般に動物はおおよそ生後1年以内に自立し，「大人」

と同じような存在になる。しかし，人間に比較的近いチンパンジーの場合は5〜8歳位まで母親の庇護を受け，大人並みになるのは10歳前後とされている。一方，人間の子どもの社会的依存の期間はこれらよりもはるかに長く，その依存期間は文明社会では15，6年にも及び，現代では成人に達するのは20歳前後である。これを人間の発達という側面からみると，器官や脳の発達および文化の習得程度が大人並みになるには20年間近くを要するのであり，ヒトの子どもは社会からの長期にわたる働きかけがなければ，人間にはなれない。

成人に達するのに20年近くも要することは人間の特性といえるが，このようなゆるやかな，漸進的な発達が人間の豊かな学習を可能にし，また新たな文化の創造を可能にするのである。ゆっくりと発達することで，環境に適応した神経回路が作られ，社会性が十分に発達し，多くの知識を獲得することが可能になるとみられている。もし，人間の発達が10年程度で終わるとしたならば，私たちが身につける文化も限られたものに留まり，人間はこれほどの豊かな文化を生み出すことはできなかったといえよう。

潜在的な学習能力をもつ生物としての「ヒト」は，年齢に応じた生理的成熟（発達）を土台として，社会的・歴史的に形成された文化的環境と相互交渉することにより，成熟した人間へと成長していく。このプロセスにおける親や社会からの働きかけが「教育」であり，また子どもの側の主体的な動きが「学習」であり，人間は継続的な教育と学習によって十分な成長を遂げることができるのである。

このような人間の成長を構造的にとらえると，人間は，身体や内部器官の発達に基づいて個人として成長し，ついで知識・技能を習得して市民・職業人として社会的に成長し，さらには真理や普遍的価値に目覚め，倫理観を形成し，美を感じ取るなど，精神的・人格的成長を遂げなければならない。このような人間の成長に教育の介在を欠くことはできない。上述したような人間的成長の構造は，教育目的における基本的側面ともなり，現代社会の教育目的のなかに，個人的目的，社会的目的，文化的目的として位置づくことになる（教育目的については，第3章で詳述する）。

3　人間の可能性と教育の必要性―社会的視点と個人的視点―

1　人間の可能性と文化の学習

　人間の子どもは潜在的に豊かな可能性を有しているとされるが，それを具体的に示すと，人間に固有の身体の機能と学習能力であるといえる。学習の面に限定してみると，誕生後の発達のなかで最も成長が求められるのは，主に人間の思考や意思，創造力などを司るとされる大脳の前頭葉である。人間の脳細胞は出生後増えることはないとされるが，細胞間の結合による機能の発達はかなりの高齢になるまで，長い時間をかけて行われる。人間は脳が未熟な状態で出生するため，その後の脳の発達に応じて次々に学習し続けなければならない。

　マクロ的な視点から考えると，人間は他の動物に比べて，比較できないほど複雑な文化・文明を発展させ，社会を形成してきた。すなわち，それぞれの社会には固有な言語・文字・制度・価値・慣行・宗教・道徳・技術などの文化が存在し，人間はそれを身に付け，それぞれの歴史的，社会的環境の下で生活している。これらの社会形態や生活様式は，人間が作り出したものであり，生得的に人間がもち合わせたものではない。このように，人間が形成した文化や社会と生まれたままの人間との間には大きな「へだたり」が存在している。文化は蓄積され続け，時間とともにその「へだたり」は拡大していく。人間が人間性をもった存在として生きていくためには，出生後に社会にある文化を獲得し，自己のものとしなければならない運命にあるといえる。ここに，人間にとって「人間となるための学習」の必要性がある。しかも，そのためにはかなりの時間と労力が必要となる。こうした学習は個人だけでは十分に達成することはできず，他人の手を借りなければならない。

　上で概観したような，人間が教育を受けなければならない理由について，次に社会的視点と個人的視点に分けて，やや詳細に考えることにする。

1）社会的視点からみた教育の必要性

　一般的に社会や集団は，固有の価値，規範，行動様式をもち，メンバーがそれらを共有し，各人がそれぞれの役割を果たすことによって成立している。こ

のようなことから，社会がその存続を図りさらなる発展を成し遂げるためには，新たなメンバーや社会生活に未熟な世代に対して，社会固有の文化を伝達し，社会生活や職業などに必要な知識・技能・態度などを発達させ，社会の一員として育てなければならない。このように，社会は新たな成員に対し，より良い適応力をつけるよう訓練し，同化・統制・社会化といった働きかけを行う。社会からの意図的な働きかけが社会化であり，社会化を組織化したものが教育である。

子育てという観点からみると，その行為は親だけでなく，部族や集団をあげての営みであり，その子が社会の成員として「一人前」とみなされるまで続けられる。このようにみると，教育の原型は文化の伝達・継承と子育てという2つの側面を有しており，今日でも教育は社会の持続・発展と子ども・青年の発達を担っている。

このような意味で，教育的行為の無い社会は存在せず，人間社会は教育が無ければ存続が困難なのであり，教育は社会の根本的機能ということができる。

フランスの社会学者デュルケーム（Émile Durkheim, 1858-1917）は，教育を社会の維持と存続のための機能とみなし，教育の統制的機能を強調し，教育の役割は利己的・非社会的存在である子どもを意図的に社会化し，道徳的・社会的存在にまで引き上げることにあると述べた。さらに，教育の目的は，子どもが将来参加するであろう国家社会や，特定の社会集団などの要求する一定の身体的・知的・道徳的状態を子どものなかに出現させ，発達させることにあるとした。

こうした観点に立つと，教育は統制的で，保守的な機能をもつということができる。しかし，教育は進歩的機能ももっている。教育は大人世代による若い世代への意図的社会化であり，統制的機能をもつが，社会からの働きかけが必ずしも画一的・類型的な人間をつくることにはならない。人間には個人差があり，社会からの働きかけが同一であっても，これを受け止める個人の能力，資質，関心，態度などによってその効果は異なる。このように，社会化や教育は大人世代からの一方的な働きかけだけでは終わらず，個人の関心・態度などが

反映され，社会と個人の相互作用の過程として存在している。

　人類の歴史を顧みると，むしろ教育を受けた人間が，新しい文化や社会の形成に貢献してきたことも確認でき，そうした意味で教育によって新しい思想，社会観，技術，芸術が創造され，社会が発展してきたことは改めていうまでもない。

2）個人的視点からみた教育の必要性

　子どもや青年が発達し，社会において「一人前」の大人として認められるためには，どのようなことが必要なのであろうか。人間が発達するということは，生物的個体として誕生した個人が，その社会の文化を学習して，社会的役割の遂行に必要な資質を発達させる過程とされている。いわば，個人が集団に同化・社会化されることが，とりもなおさず発達であり，教育とは個人による文化的モデルや社会的行動様式の内面化といえる。社会化や文化の内面化なしには，人間として成長することはできない。子どもが潜在的な能力を伸ばすということは，文化遺産を学習し，自らのものにするという過程を通して，はじめて果たされるのであり，豊かな可能性も人間社会に生活し啓発されなければ，花開くことはできない。個人は社会の文化を自らのものとして，職業や社会的責任を遂行して，自立した市民として生きる必要がある。このような観点は，個人の自発的学習過程としての社会化ということができる。

　ここに，個人的視点からみた学習の必要性の意味があり，文字・知識・技術を学び，職業的能力を身につけ，社会のなかで自立した人間となり，人間らしく生存するためには学習を欠くことはできない。再三述べたように，人間は教育を通じてはじめて人間的な生存が可能になるのであり，人間として生まれた子どもは，社会・経済的地位，人種，性の違いなどを越えて，教育を受ける必要があり，学習する機会が保障されなければならない。

　以上は，人間が社会に適応するための学習の必要を述べたものであるが，次に学習する主体の側から，学習の意味を検討する。小・中学生頃までは与えられた教材を学ぶ，いわば「受身的」ともいえる学習が主であった。しかし，高校生さらには大学生になるにつれて，受身的な学習ではなく，自己を積極的に

形成し将来の自己を見据えた「能動的」，主体的な学習を行うようになる。また，社会を形成し，自己の権利を有効に活用し，責任をとることのできる「市民」として自立した人間に成長することを自覚した学習が必要になる。つまり，自己の価値観の形成を積極的に考え，また将来の職業などに直結した専門的な知識や技能の修得を目指し，自立した人間に成長するための学習であり，自己実現をはかったり，能力の開花をはかることを明確に意識した学習である。

2　人間的生存と教育を受ける権利

　子どもの時期の受身的な学習であれ，青年期の自覚的な学習であれ，人間は学習をしなければならないことは再三述べた通りであり，この点と関連して，教育を受ける権利について考えてみたい。近代人権思想の確立過程において，人間らしく生きるために教育は欠くことができないのであり，身分・人種・性別などを越えて，人間である限りその機会が与えられなければならないという考えが成立した。すなわち，人間的生存を保障するものが教育である限り，だれもが保障されるべきものとして認識され，教育を受けることが権利として位置づけられた。

　ところで，日本国憲法第25条には，すべての国民が健康で文化的な最低限度の生活を営む権利を有すると定められ，人間的生存が保障されている。では，人間的生存とはどのようなことを意味しているのだろうか。人間には必要最低限の衣食住が備わっていなければならないことはいうまでもないが，人間以外の動物のように飢えや寒さなどから守られていればよいのではなく，それだけでは満たされないのが人間である。なぜなら，人間は衣食住のほかに，さまざまな精神活動や文化活動によって生活が成り立っているからである。私たちにとって，文字や言語の無い生活は考えられず，また，考えたり，創造したり，美しいものや音楽を楽しんだりする精神的な活動は，欠くことができない。こうしたことは，表現をかえれば人間が知的・精神的に自立していることを意味している。この他にも，人間は政治的，経済的な面での自立も欠くことはできない。

人間的生存とは，こうした文化的・精神的諸活動を含めた自立の上に成り立つものであり，こうした諸条件が満たされた時，人間ははじめて生きている，充実しているという実感をもつといえる。

　それでは，このような人間的諸活動を可能にするため，個人はどのような能力を身につけなければならないのだろうか。これまでも再三述べたように，人間は生得的にこのような能力を身につけているのではなく，文字・言語，知識・技術，思考力・判断力・創造力もすべて，学習の結果身についたものである。したがって，精神生活も含め，人間として生きるためには，そうしたことを可能にする能力を身につけなければならない。これらの能力は，人間らしく生きるための基本的要件と考えることができ，教育を受けることによってはじめて獲得できる。このため，教育を受ける機会は人種，階層，思想，信条，性などの違いを越えて，さらには障害の有無にかかわらず，すべての人間に平等に与えられ，基本的な権利として認められなければならないのである。

　日本国憲法は第26条で，「すべて国民は，法律の定めるところにより，その能力に応じて教育を受ける権利を有する。すべて国民は，その保護する子女に普通教育を受けさせる義務を有する。義務教育は，これを無償とする」と定めている。戦前の日本では教育を受けることは国家および天皇に対する臣民の義務とみなされ，教育権は国家の権力と解されていたことを考えると，国民の教育を受ける権利が認められたことは画期的であったといえる。今日では教育を受ける権利は，教育の機会均等の保障を求める生存権的人権としてだけでなく，たとえば障害をもつ子どもなど，すべての国民が人間的に成長・発達できるような学習をする権利として理解されている。

　このように，学習する主体の自発性・能動性に着目して，この面から教育を受ける権利をとらえるのが学習権である。学習権は，教育に関する権利を人間の発達と学習からとらえる点で，新しい人権理解であり，憲法の教育を受ける権利を一層積極的にとらえたものといえる。今日では人間らしく生きるための学習の機会は，社会権として位置づけられている。こうした学習権の考え方に基づき，1959年の国際連合の「児童権利宣言」は，第7条で児童は「その能力，

判断力ならびに道徳的および社会的責任感を発達」させるような教育を与えられなければならない，と規定した。さらに，1985年のユネスコの「国際成人教育会議」の学習宣言においても，生涯学習の見地から「学習権がなければ，人間の発達はあり得ない」とされた。今日の社会において学習権は，子どもだけでなく，成人や高齢者の権利としても重要なものとして位置づいている。

4　形式陶冶と実質陶冶

　教育を受けることの意味や教育のあり方を深く理解しようとするとき，形式陶冶と実質陶冶という言葉の意味を考えることが有効である。たとえば，この2つの概念は，小・中・高校での教科の学習により，どのような能力を形成しているのかを考えたり，また大学などで専門的な学問を学ぶ意味を考えるときに有効である。さらには，これにより普通教育と専門教育という，教育の概念を理解することも可能となる。

　すでに述べたように，人間は学習能力を十分に備えて誕生するが，しかし生まれた時は自分では生命の維持さえもできない「無力」の状態にあり，身体的・精神的に成熟した人間になるためには20年近くを要する。人間は豊かに成熟する可能性を潜在的に秘めてはいるものの，それを具体的な形や能力にするためには教育や学習を必要とする。このように，形のない可能性を，具体的な人間の諸能力に形作っていくことを「陶冶」という。

　近代の学校では，教員が生徒に道徳的性格を形成する作用を「訓育」とよび，一定の文化内容（教材）を媒介として間接的に生徒に形成する作用を「教授」とよんできた。「教授」は言語，科学，技術，世界観などの文化内容を媒介として，それらの学習を通じて，知識，技術，認識の向上を図ることを目的としている。この教授において，子どものなかにどのような価値をもつ能力を形成させることが重要と考えるかをめぐって，知識・技術の習得を主とする内容的側面と，知識に働きかける能力の育成を主とする形式的側面とに区別される。一般に，前者を実質陶冶，後者を形式陶冶という概念で表わしている。

すなわち，形式陶冶とは，一定の教材の学習を通じて，それを手段として，論理力・思考力・推理力・記憶力・意志力・情感といった，形式的・一般的な諸能力の育成・鍛錬を重視する考え方である。これに対して実質陶冶とは，教材のもつ実質的・内容的価値に着目し，具体的・個別的な知識・技能それ自体の修得を主目的とする考え方である。形式陶冶の概念は普通教育や教養教育の理念に，実質陶冶の概念は専門教育の理念に類似している。

　形式陶冶と実質陶冶の考えは，一般的には文化内容が比較的単純で，固定的に把握された時代には内容自体を学ぶ実質陶冶が優越し，16，7世紀ころまでは主流をなしていたとされる。しかし，文化内容が複雑化する18世紀末から19世紀になって，次第に形式陶冶の考えが台頭するようになった。百科全書的な知識を教えようとする実質陶冶は，浅く広い知識の伝授にならざるを得なくなり，むしろ人間の精神的諸能力の形成を重視するようになった。形式陶冶の考えを支持したのはロック（J. Locke, 1632-1704）であり，それがルソー（J. J. Rousseau, 1712-1778），ペスタロッチ（J. H. Pestalozzi, 1746-1827）などによって受け継がれ，近代教育や教授理論のなかに展開されていった。

　19世紀後半になると，形式陶冶の考えは次第に変化し，新たに勃興した市民階級の自由な教育を擁護する理論として用いられるようになった。中等教育における古典教科が時代遅れであるという批判に対して，形式陶冶の説を根拠にして，古典（ラテン語）と数学による能力訓練の意義を力説した。すなわち，形式陶冶を重視する人々は，一定の材料で練られた能力は他のいかなる材料にも転移するという説を主張したのであった。

　形式陶冶と実質陶冶の考えは，相対的なものであり，いずれか一方を強調するのは教育の実態にそぐわないといえる。この問題に科学的・実証的探究を最初に行ったのは，ソーンダイク（E. L. Thorndike, 1874-1949）とされている。ソーンダイクは，実験的研究によって，特定の教材ないし，あるひとつの場面で思考ないし観察の能力を訓練すると，別の教材の学習や事象の観察にも能力訓練の効果は転移するという形式陶冶の説を批判した。すなわち，実際の転移は無条件に生起するのではなく，2つの学習状況に同一の要素が含まれており，

その要素が刺激―反応―結合として理解される場合にのみ，形式陶冶の根拠がみられると主張した。

　このような転移研究の成果を受け，現代の教授＝学習理論に新しい方向を示したのがブルナー（J. S. Bruner, 1915-2016）の教科の構造主義理論であった。構造とはある問題・分野の最も普遍的な原理であり，この構造を児童・生徒に獲得させることが学習のポイントであるとした。そして，断片的な知識を暗記させたり，結論を教えたりするのではなく，結論に至るプロセスを学習者にたどらせることが重要であり，これにより学習の方法や仕方が学ばれ，自己学習能力が形成されると主張した（「発見学習」）。

　今日では，純粋な意味での形式陶冶説は支持されず，同時に伝統的な文化内容や科学的知識などの伝達を主目的とする実質陶冶の説も受け入れられない。教材とのかかわりから見た場合に，学習者の認識能力がどのようなメカニズムで高められるのかという点から，実質陶冶の再検討も必要とされている。

　形式陶冶と実質陶冶を対立的にとらえると，教育の作用を正しく把握することはできず，両者を相互補完的に理解することが現実の教育の意義を理解することになるといえよう。

■参考文献
ポルトマン, A. 著，高木正孝訳『人間はどこまで動物か』岩波書店，1961年
細谷俊夫ほか編『新教育学大事典』第一法規，1990年
村井実『原典による教育学の歩み』講談社，1974年
四方一瀰・川本亨二・磯辺武雄『教養教育学（改訂版）』北樹出版，1987年

第2章
発達と教育

　教育は，人間が長い年月をかけて蓄積してきた文化遺産の伝達であるとともに，子どもの知的発達や人間的成長を援助し，人間性を育むことを目的としている。そのため，教育活動においては社会や大人からの一方的な詰め込みや教え込みは避けなければならず，子どもの興味・関心や生活，そして発達段階に即して行われなければならない。子どもは，日々発達してゆく存在なのであり，教え育む立場にある大人には，年齢に応じた子どもの成長や発達への理解を欠くことはできない。教員は，子どもたちの発達への理解を基盤として，子どもの十分な人間的成長を促進させることが求められる。
　本章では，教育活動の基盤には子どもの成長・発達への理解を欠くことができないという考えから，発達の意義，発達段階，発達課題等について学ぶ。加えて，発達段階を乳児期・幼児期・児童期・青年期に区分して，各々の発達期の変化や特質について考察する。

1　子どもの発達

1　発達とは

　人間がこの世に生を受けて，しだいに成長していく際に生起する心身のさまざまな変化の過程を発達（development）という。発達は，一般的には，種に特有な生得的かつ内的要因によって展開され，外的環境条件から左右されることが少ない「成熟」と，社会生活上の経験や練習等の結果として表出する行動の変容であり，外的諸条件によって展開される「学習」の2つに分けて理解されている。
　「発達」に対する理解としては，従来，誕生から成人期までにみられる，身体や器官の量的増大，構造の複雑化，機能面の有能化の過程との定義がある。すなわち，構造，機能，形態の「上昇的過程」というとらえ方である。しかし，今日における発達の概念は，成人期以降の老年期の「下降的過程」段階も含め

て，心身の構造や機能の漸進的，連鎖的な変化ととらえる「生涯にわたる発達」という考え方に変化してきている。

発達については，こうした一般的なとらえ方とともに，理論的立場によって，それぞれの定義がなされている。個別の定義づけは，比較的限定された研究上の領域からなされることが多く，狭義にとらえられる傾向がある。

発達についての理解は，一般的なとらえ方はもちろんのこと，個別の定義づけについても関心の目を向ける必要がある。その理由は，教育の基礎という領域において「発達」を一段掘り下げて理解することが，教育そのものの理解の基盤となるからである。したがって，個別の定義づけが一般的なとらえ方とどのような関連性を有しているのか，といった事柄を学ぶことも発達の意味を理解するために必要である。

ここでは，マーラー（M. S. Mahler, 1897-1985）の理論（自我心理学）を提示するが，この理論は，発達の一般的定義に照らし合わせると「成熟」の領域に包含されるものである。マーラーは小児精神科臨床の経験を根拠として，乳幼児における自我の発達について，その時期の母子関係について考究し，乳児が母親との一体感から分離していく過程を「母親から離れている感覚」を「分離」とよび，「母親から一定の時間以上離れていることができる力」を個体化とした。

ところで，「発達」に類似した用語として，「成長」やすでに述べた「成熟」がある。一般的に，成長は主に身体的側面の変化，成熟は神経系の側面の変化を指す。また，「発達」は知能や人格などの変化をいう場合が多いが，もちろん「成長」と「発達」を厳密に分けることは困難であり，両者を含めた形で「発達」とする場合が多い。

2 発達の要因

1）遺伝か環境か

人間の発達を規定する要因を考える時，たとえば血液型のように確実に遺伝するもの，また顔立ちなど比較的遺伝しやすいものもある。しかし，性格や知

能などについては，遺伝的影響の度合いやどのような環境の下で遺伝の特性が発現するのかなど，現時点でも研究上明らかにされていない。

ここでは，20世紀初頭から繰り広げられてきた，人間の発達要因を規定しているものは何かという議論を取り上げる。その問いに関する論争の多くが，「遺伝か環境か」というものであり，遺伝優位説と環境優位説に大別される。

① 遺伝優位説：子どもの発達において，遺伝を優位とする考えの代表は，アメリカの心理学者・小児科医のゲゼル（A. L. Gesell, 1880-1961）である。ゲゼルは，子どもの発達プロセスは生まれながら備わっているものであると主張したことから，生得説や成熟説と表す場合もある。ゲゼルの主張によると，発達は一定の法則のもとで時間的経過により出現するものであり，環境（経験や学習など）は発達に決定的な影響を与えるものではない，としている。また，こうした主張とともに，レディネス（学習活動に取り組むことを可能とするための学習者の心身の準備性）が成立してからの教育的働きかけの大切さを指摘している。

② 環境優位説：遺伝優位説に対し，ワトソン（J. B. Watson, 1878-1958）は人間の一定の行動を「刺激（Stimulus）」と「反応（Response）」という形式でとらえ，心理学の対象を観察できるものに設定しなければならないという行動主義の立場から，発達が環境における学習によって規定されると考え（環境決定論），環境優位説を唱えた。

2）遺伝も環境も

人間の発達における「遺伝か環境か」といった議論は，遺伝的要因と環境的要因のどちらが発達上優位であるかを議論しているにすぎなかった。加えて，人間の発達が遺伝・環境のどちらか一方によって規定されるという説（単一要因説）には限界もあり，今日では「遺伝も環境も」発達に影響を及ぼすという見方が定着してきている。

こうして，発達において遺伝と環境の両要因の重要性を強調するとらえ方，すなわち，「輻輳説」が主張されることとなった。この「遺伝も環境も」という折衷的なとらえ方は，シュテルン（L. W. Stern, 1871-1938）によって展開さ

れた。シュテルンは，人間の発達について遺伝要因と種々の環境要因が加算的に影響しあうというとらえ方をしている。また，上述した遺伝優位説，環境優位説，輻輳説は，発達していく人間を受身的にとらえたものであるという批判から，相互作用に重点をおいたジェンセンの説もある。ジェンセン（A. R. Jensen, 1923-2012）は，遺伝的要因と環境的要因が互いに影響し合うことで発達がなされる，という「相互作用説（環境閾値説）」を唱えた。

3 発達段階と発達課題

人間の発達においては，単に並列的で漸進的に生じる量的変化だけではなく，特定の時期に発達の側面や機能が質的に大きく変化することがある。その発達の特徴に基づいて，発達をいくつかの時期に区分することができる。発達段階の区分は，基準とする特徴や領域についての視点により異なるが，一般的な区分は，乳児期・幼児期・児童期・青年期・成人期などとするものである。

個々人が発達を順調に進めていくためには，それぞれの発達段階で達成すべき課題が存在する。これは発達課題とよばれるが，それは子どもの内部的・生理的成熟により各発達段階において初めて獲得が可能となるものであり，また社会からはそれらの課題を獲得することが期待される。その発達課題を各々の段階で達成・獲得することにより，次の段階での課題達成をよりスムーズなものにすると考えられている。

このことから，発達段階の内容やそれにともなう発達の諸側面，各発達段階における発達課題の位置づけなどを理解することは，教育の課題の理論的・実践的把握に向けて不可欠といえよう。

次に，発達段階についての諸説のなかから，ピアジェ，ハヴィガースト，エリクソンが唱える発達段階説とその内容について述べる。

1）ピアジェの認知発達

ピアジェ（J. Piaget, 1896-1980）は，子どもが外界との相互関係や養育者とのやり取りを通して，環境に対する認知機能を発達させるとの観点から研究を行い，子どもの認知機能という面から発達理論を唱えた。こうした取り組みをも

とに，誕生から15歳くらいまでの子どもの思考の段階を「感覚運動的段階」，「前操作的段階」，「具体的操作の段階」，「形式的操作の段階」の各段階に分ける認知発達の4段階説を唱えた（図表2.1）。

図表2.1　ピアジェの認知発達論

基本段階	時　期	特　徴
第Ⅰ期 感覚運動的段階	0～2歳	感覚と運動機能が分化し，身近な外界と関わろうとし，感覚や運動目的にそった動作ができるようになる。対象の永続性が獲得される。思考が行動と分離していない段階。
第Ⅱ期 前操作的段階	2～7歳	表象思考が可能になり，言葉を使って説明することが可能になる。自己中心的な思考が強く，直感的な判断に依存する。感覚運動器官を使って試行錯誤的に対象を認識していく段階。前操作期はさらに，象徴的（前概念的）思考段階（2歳から4歳頃）と直感的思考段階（4歳から7歳頃）に分けられる。
第Ⅲ期 具体的操作の段階	7～11歳	自己中心性から脱却する。具体的な事象においては，論理的な思考が可能になる。目的と手段の関係を意識し，身体諸官を使って操作の活動を行い，対象を具体的に知覚する段階。
第Ⅳ期 形式的操作の段階	11～15歳	形式論理的・抽象的な思考が可能になり，頭のなかで概念を使って操作活動を行うことによって対象に働きかけ，それを把握する段階。

出所）ピアジェ（波多野完治ほか訳）『知能の心理学』みすず書房，1998年より作成

　ピアジェの認知発達論は，子ども自身が環境に働きかけ，また環境から働きかけられるという相互作用を通して発達が促進されるという考え方である。つまり，子どもはすでに得ている知識の枠組み（シェマ schema）に，新しい経験や情報を取り込み，そのなかで理解しようとする（同化 assimilation）。しかし，そのシェマのなかで理解できない場合，枠組みを変え（調節 accommodation）理解しようとする。この同化と調節を繰り返すことで，子どもの認知機能が組織化され，発達していくとピアジェは主張した。

2）ハヴィガーストの発達課題

　ハヴィガースト（R. J. Havighurst, 1900-1991）は，発達課題を提唱した。それ以前は子どもの活動の側面だけから発達段階を区分していたが，彼は子どもに一定の発達を求める社会の要請も含めて発達段階を分けることに注目した。

　ハヴィガーストは，発達課題と対峙する本人が，各々の段階の課題を達成できるかどうかで，社会生活上の状況が左右されると説いた。たとえば，達成すべき発達課題を達成することにより，その本人が目指す次の発達課題の成功や社会からの受容がもたらされるが，課題の達成がうまくいかないと，社会から受容されず，本人に不幸をもたらし，次の段階の課題の達成も困難になると主張した。

　人間は生涯にわたって発達するという視点に立つハヴィガーストは，発達課題の基本として「身体的成熟」「文化・社会からの圧力」「個人の価値観や要求水準」などを列挙しており，それらの根底にあるのは，他人との情緒的なつながりをもつコミュニケーションスキルや両親からの精神的・経済的自立に関するものである。このような視点に立つハヴィガーストの発達段階ごとの発達課題を図表2.2に示す。

図表2.2　ハヴィガーストの発達課題

発達段階	発　達　課　題
乳・幼児期	①歩行の学習　②固形食を取る学習　③話すことの学習　④排泄の学習　⑤性差と性的つつしみの学習　⑥生理的安定の達成　⑦両親・きょうだいの人間関係の学習　⑧善悪の区別・良心の学習　⑨社会的・物理的実現についての単純な概念の形成
児　童　期	①日常の遊びに必要な身体的技能の学習　②生活体としての自己に対する健康な態度の形成　③遊び仲間とうまく付き合うことの学習　④男子あるいは女子としての適切な社会的役割の学習　⑤読み・書き・計算の基礎的能力の発達　⑥日常生活に必要な概念の発達　⑦良心・道徳性・価値観の発達　⑧個人的独立の達成　⑨社会集団や制度に対する態度の発達
	①両性の友人との新しい，成熟した人間関係をもつこと　②男性または女性としての社会的役割の達成　③自分の身体的変化を受け入れ，身体を有効に使うこと　④両親や他の大人からの情緒的独立の達成　⑤経済的独立

青年期	のめやすを立てる　⑥職業の選択とそれへの準備　⑦結婚と家庭生活への準備　⑧市民として必要な知的技能と概念の発達　⑨社会人としての責任ある行動をとること　⑩行動を導く価値観や倫理体系の形成
壮年期	①配偶者の選択　②配偶者との生活の学習　③第一子を家庭に加えること　④子育て　⑤家庭管理　⑥職業につくこと　⑦市民的責任を負うこと　⑧適した社会集団の選択
中年期	①市民的・社会的責任の達成　②経済力の確保と維持　③十代の子どもの精神的な成長の援助　④余暇を充実させること　⑤配偶者と人間として結びつくこと　⑥中年の生理的変化の受け入れと対応　⑦年老いた両親への適応
老年期	①肉体的な力，健康の衰退への適応　②引退と収入の減少への対応　③同年代の人と明るい親密な関係を結ぶこと　④社会的・市民的義務の引き受け　⑤肉体的に満足な生活を送るための準備

出所）ハヴィガースト（荘司雅子監訳）『人間の発達課題と教育』牧書店，1958年

3）エリクソンの心理社会的発達

　エリクソン（E. H. Erikson, 1902-1994）は，精神分析学者フロイトの心理・生物学的発達論を発展させ，社会的・歴史的・文化的観点，さらには身体的・精神的観点をも取り入れた自我発達論を唱えた。エリクソンの理論においては，人間の発達を8段階に分け，それぞれの成長段階には発達課題があるとされる。それぞれの段階に設定されている発達課題を達成することで，段階ごとの基本的徳目（図表2.3）が得られる。一方で，課題の達成に至らないと，その課題は未達成のまま残される（心理的危機）とされる。人間形成においてとりわけ重要である「乳児期」では，父母を中心とした人間関係の「基本的信頼」の獲得が課題となっている。この課題を達成することができれば「希望」を得ることができるが，達成されない場合は「不信」という負の要因を残すことになる。このように，エリクソンは対立する2つの特徴や傾向が各発達段階に存在すると主張した。図表2.3に示すのが，エリクソンの唱えた各発達段階にみられる特徴や傾向である。

図表2.3　人間の8つの発達段階

発達段階	心理的・社会的危機	基本的徳目	重要な対人関係の範囲
Ⅰ．乳児期	基本的信頼　対　基本的不信	希　望	母親的人物
Ⅱ．幼児期	自律性　対　恥・疑惑	意　思	親的な人物（複数）
Ⅲ．就学前期	自発性　対　罪悪感	目　的	基本的家族
Ⅳ．学童期	勤勉性　対　劣等感	有能性	「近隣」・学校
Ⅴ．青年期	自我同一性　対　同一性拡散	忠　誠	仲間集団・外集団，リーダーシップのモデル
Ⅵ．成人初期	親密性　対　孤立	愛	友情，性愛，競争，協力の関係におけるパートナー
Ⅶ．成人期	生殖性　対　停滞	世　話	分業と共同の家庭
Ⅷ．成熟期	統合性　対　絶望	英　知	「人類」・「わが一族」

出所）　エリクソン（小此木啓吾訳）『自我同一性』誠信書房，1988年より作成

2　各段階の発達の特徴

　前節にみてきたように，人間の発達段階はそのとらえ方により，いくつかの説が存在している。発達段階に関する諸説の存在からいえることは，発達に対する目の向けかたによって，発達段階への理解を多様に区分することが可能になる，ということである。各々の研究者の発達観や心身諸機能への注目の仕方で，年齢の区切り方も含め，発達段階の区分や発達課題にも違いが出てくる。その一方で，発達の個人差を考慮したとしても，発達段階には一定の共通する特徴を見出すことができる。

　そこで，本節では包括的な区分として，乳児期（出生から2歳），幼児期（3歳から就学前の6歳），児童期（小学校入学から卒業）および青年期（12，3歳から23歳頃）の4段階に分け，その発達内容を身体的発達，知的発達，情緒および社会性の発達，人格の発達について，その特徴をみていく。

1 乳児期の発達

　乳児期の身体的・精神的発達の速度は著しく，この期間に「ハイハイ」から「つかまり立ち」「2足歩行」「走る動作」へと身体機能の向上がみられる。また，「喃語(なんご)」「指さし」「初語」と展開して話し言葉獲得への成長が促進される。さらに，離乳を契機として親や親的な人間以外の他者との社会的接触が開始される。このように，乳児期は心身の成長とともに乳児自身の生活空間が拡大される時期である。

1) 身体的発達

　身体は出生後に急速に発育し，最初の1, 2ヵ月の発達はめざましい。発達上の個人差はあるものの，一般的な観点からみると，1年で体重は出生時の約3.3倍となり，身長は約25cm伸び，出生時の1.5倍になる。そして，脚・胴・骨・筋肉や神経は歩行が可能になるまでに成熟する。歩行の学習は乳児期の重要な発達課題のひとつである。また，運動機能の発達は無秩序に進むのではな

図表2.4　スキャモンの成長曲線

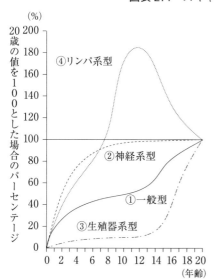

《スキャモンの成長曲線》
　人間の発達において各臓器は発育過程を異にするため，①一般型（身体の外形計測値（頭径をのぞく）・呼吸器・消化器・腎・心大動脈・筋全体・骨全体・血液量など），②神経系型（脳・脊髄・視覚器・頭径），③生殖器系型（睾丸・卵巣・子宮など），④リンパ系型（胸腺・リンパ筋など）の4つの発育パターンに大別される。

出所）中村肇『子育て支援のための小児保健学』日本小児医事出版社，2003年

く,頭部から下部(臀部,尾部)脚部へ,中心部から末梢部(周辺部)へといった2つの方向に向かって発達が進行する「方向性の原則」が存在する。

スキャモン(R. E. Scammon, 1883-1952)の発達・発育曲線にも示されているように,人間の発達における速度は多様であり,年齢や身体の部分によっても異なる(図表2.4)。

2)知的発達

この時期は,ピアジェの認知発達段階説でいう感覚運動期であり,言語以外の知能が発達する段階である。つまり,感覚から情報を得たり自ら運動し外界に働きかけることにより,知識や経験を積んでいく時期である。そのため,乳児自らが環境への働きかけをすることも多くなる。このような環境への探索行動が,知能や情緒の発達に大きな影響を与えることになる。また,発声器官の神経や筋肉は,生まれたときにすでに成熟しており,「ウァウァ」「バァバァ」のような喃語や「ワンワン」のような擬音語を発することができる。そして,1歳半から2歳頃になると,喃語や擬音語の音の一部に変化がみられ,しだいに意味のある言葉となって発声されるようになる。こうして,乳児期における知的発達は,感覚運動的な側面と並行して言語獲得への第一歩が踏み出される。

3)情緒的発達

乳児は生後3ヵ月以後になると,人の顔の口や目もとに視線を向ける回数が多くなり,乳児と養育者とのみつめ合いに発展していく。また,聴覚が発達し声音や顔つきなどの意味を理解しはじめ,微笑で反応するようになる。

また,生後半年を過ぎた頃から,養育者に対して後追いや養育者以外の人への人見知りなどがみられるようになる。こうした状況から形成されるのが,アタッチメント(愛着:特定の人とのあいだに形成される情愛的な絆)である。乳児期に芽生え,やがて形成されるアタッチメントは,その質により,乳児期以降に展開していくさまざまな人間関係のもち方にも影響を与える。

2 幼児期の発達

幼児期は,身体・精神などの形成を行う重要な時期であり,乳児期に次いで

発達の盛んな時期である。つまり，運動能力の発達にともない生活空間が広がり，言葉の発達にともない対人関係が広がり，それと同時に思考能力・知的能力の発達が進行していく時期である。

1）身体的発達

幼児期の身長は，適切且つ正常な発育がなされた場合，出生時の約2倍となる。一般的には，体重が出生時の約5.5倍となり，幼児期の体重増加は身長よりも著しい。また，神経系の発達によって感覚器官や運動機能がかなり発達する。そのため，幼児の行動範囲は徐々に広がっていく。そして，幼児期の終わりまでに，衣服の着脱，洗面，食事など，日常生活に関わる基本的生活習慣が身につくようになる。

2）知的発達

幼児の知的発達にみられる特徴として注目したいのは，言葉の発達である。特に，他者の話し言葉を理解する能力が，この時期に急速に発達する。また，語彙も豊富になり，日常身辺の問題を処理するために必要な会話ができるようになる。このように言語の発達により，思考の面も充実していく。そして，思考が充実することにより知的発達を推し進め，幼児の生活領域を広げていく。幼児期の子どもは，以上のような知的発達にともなって，しだいに日常生活上の規則正しさをみつけ，それらを自己の内面に一般化し，事柄についての概念を形成するようになる。

3）情緒および社会性の発達

幼児の情緒は，一般に興奮しやすく不安定であるが，一方，恐れやユーモアを理解しての喜びや笑いがみられるようになり，5歳頃になると基本的情緒はほぼ形成されてくる。

幼児期の子どもは，日々の生活の大半を遊びに費やし，遊びを通して同世代との関わりを深め，社会性を発達させていく。幼児の遊びは心身の発達と密接な関係をもち，年齢とともに質的にも量的にも変化する。また，幼児期は表象的思考が可能になるため，遊びの内容も広がる。つまり，幼児同士がイメージやシンボルをつくりあげることが可能になり，物を何かに見立てて遊ぶ「見立

て遊び」や，役割を決めてその役割を演じる「ごっこ遊び」などの象徴遊びが盛んに行われるようになる。このことから，幼児期の「遊び」は，発達のあらゆる面において不可欠な要素といえよう。しかし，幼児期の子どもは，自分の視点や経験を中心にして物事をとらえてしまい，他人の視点に立ったり，自他の経験を相対化したり，自他の相互関係をとらえて判断することが難しい時期でもある。これをピアジェは「自己中心性」とよび，幼児期の特徴としてとらえた。このように，幼児は想像や模倣，協同や忍耐などをくり返しながら漸次社会化の過程をたどっていくのである。

4）人格の発達

ゲゼルは，5歳児にみられる人柄としての特徴は，すでに乳児のうちにみられるとしている。しかし，人間形成における人格の発達は，子ども自らの自然な成熟によってかたちづくられるのではなく，周囲の環境や両親からの教育，しつけなどによる意図的働きかけによって形成される。子どもの活動が活発化し，行動範囲が広がるこの時期に，子どもの欲求と親の加える統制とが対立することがあり，親のしつけに反抗するようになる。

3　児童期の発達

児童期は，幼児期に獲得したものを土台として，言語能力の高まりや一定の認識力の獲得，さらには自然等への興味・関心も増える時期であり，身の回りで起こる出来事に対して，客観的な考え方ができるようになり，論理的思考も可能になる。児童期の特徴としては，関心が外界に向かって開かれ，それまでに準備されていた感覚機能と運動機能とを働かせ外界を探求する時期である。

1）身体的発達

児童期は，乳幼児期に比べると身長・体重などの身体的発育の速度が緩やかになる。そして，個人差はあるものの毎年ほぼ恒常的な伸びを示すようになる。一方，身体発達における運動機能の著しい発達が認められる時期になる。つまり，筋肉・骨格・神経系が調和し充実し，成長の状況によっては成人とあまり変わらないまでの発達をみる。また，知覚や判断の面でも著しく発達する。

2）知的発達

　知的機能は乳幼児期に比べてさらに拡大・多様化し，児童期の発達を特徴づける変化が起きる。まず，言語発達においては，読み・書きといった文字言語の著しい発達がみられる。このことは，言語が思考の道具として重要な働きをするようになったことを意味する。たとえば，人物の名前や国旗，電車の型などを記憶する機械的記憶力が急激に発達する。

　幼児期の思考の特徴は具体的・自己中心的なものであったが，児童期はしだいに抽象的に考えることが可能になり，論理性が備わってくる。つまり，ピアジェによれば，この時期の後半になると可逆性や保存の概念が成立し，思考の体系化が行われるようになる。そして，思考の面においても子どもから大人へと移行していく時期である。

3）情緒的発達

　幼児期の具体的な経験にだけ基づく情緒が，児童期に入ると，感情や情緒の表出を統制できるようになり，以前のような情緒的混乱や興奮も少なくなってくる。一般的には，情緒的発達面において，児童期が充実期であり安定期ととらえられている。また，児童期の後半には親に対する批判性の芽も出てくるが，それと同時に友だちとの間に友情が生じていく。この情緒は，青年期に向かってさらに大きくなり，やがて親（養育者）からの精神的，社会的自立のきっかけになっていく。

4）社会性の発達

　社会的行動の発達は，児童期の最も顕著な特徴のひとつである。この時期は，自我と外界との分化は幼児期以上に深まり，社会生活や人間関係も活発さを増していく。児童期は，小学校に入学するため学習集団を構成し，その生活は大きく変わる。学年が進むにしたがって，以前よりいっそう集団行動をとるようになる。そして，徒党を組んで組織的ないたずらや遊びを好むようになる。そのため，この時期はギャングエイジともよばれる。この時期の特徴としては，メンバーが互いに仲間として承認し合い，あるいはメンバー間で独自のルールなどをつくって，仲間からの期待に沿うよう行動することによって，自分の役

割を忠実に果たそうとする。このような集団の活動を通して，他者からの評価に基づき自己を知り，言動に対する責任感や仲間関係に関するスキルを獲得し，社会性の多くの側面を発達させていく。

5）人格の発達

幼い子どもは自分の欲求のままに行動するが，成長していく過程で物事の価値を学び，善悪の区別，道徳性を親や家族，教師などによって教えられる。ピアジェによれば，子どもはルールというものが遊戯から政治の問題に至るまで，あらゆる社会的な事柄にとって必要であり，有益であるということを学ぶとされる。また，児童期の終わり頃までには，少しずつ両親や教師からの独立を志向するようになり，自分で計画を立てたり行動したり問題を解決する，といったことを通じて，自立的な人間に成長していく。

4　青年期の発達

疾風怒濤の時期ともいわれる青年期のはじまりは，まず急激な心身の発達・変化によって認められる。しかし，青年期の終わりは必ずしも明らかでない。一般的に青年期は12歳ないし13歳頃から始まり，20歳までと区切る論もあるが，22～23歳まで，あるいはそれ以後までとする主張もあり，研究者によって考え方はさまざまである。その理由は，発達には個人差があり，時期が長い青年期には発達のスピードの違いが大きく現れるためである。

1）身体的発達

青年期は，乳児期に次ぐ急速な発達が認められている。それは，身長や体重の著しい発達に伴い，呼吸器系・循環器系・消化器系・中枢神経系なども発達する。また，この時期の特徴は，特有の身体内部の生理的な画期的変化をもたらすことである。運動能力においては，身体発達に伴って筋力も運動能力も伸び，青年後期には男子の場合，一生のうちで最大の能力を発揮できるようになる。また，生理的変化で最も著しいのは性ホルモンの分泌による性的成熟であり，生理的・心理的に男女の特質が明らかにみられるようになる。こうした発達状況により，「性衝動の受容」が青年期の発達課題のひとつになっている。

2）知的発達

　青年期になると，知的発達も著しく，事物・事象を正確に客観的にとらえることが可能になり，さらに知覚内容を抽象化・一般化して把握できるようになる。つまり，論理性・抽象性・批判性などが加わり，最も高度な発達を遂げる時期となる。青年期における思考の発達は，人間の適応能力を決定づけるものとして知的発達の中心的部分を占めているといえる。また，児童期に著しく発達した機械的記憶は，青年期になると安定期に入るが，一方で論理的記憶の面では青年後期に発達の頂点に達する。

3）情緒的発達

　心身の発達の不均衡や性的成熟が原因で，情緒は一般的に不安定であるが，青年後期になるとしだいに情緒的成熟をきたし，感情・情緒を制御するなど情操の発達がみられるようになる。また「個」の自覚に伴い，自分の価値観に基づいて判断しようとするようになる。「個」の自覚による価値観が形成されると，両親からの精神的自立の証左として，拒否や反抗，攻撃，批判などを示すようになる。しかし，その反発もしだいに両親や他の人の視点で物事をとらえられるようになり，ほとんどの場合，青年後期には相互に影響し合える新しい親子関係へと再構築される。

4）社会性の発達

　青年期においては，児童期までに形成された社会性の発達状況を基盤として，さらに高度な発達に展開していく。しかし，成人の側からみると，心理的離乳の達成を目指す青年期の若者を，実際的な能力や経験の乏しい人間とみる傾向が強い。このような成人の態度を，青年期の若者は成人の無理解・強制・干渉ととらえてしまう。こうした「青年」「成人」間のギャップが存在するなかで，青年期の社会性の発達は，所属集団や人間関係の広がりなどとともに，理想の追求や自我の明確化といった個人意識となって表出する。

5）人格の発達

　青年期の大きな特徴は，発達課題のひとつともいえる自我を発見し，自我意識の確立をすることである。その発達状況により，青年期の前期は自己を客観

的にとらえることが困難であり，自我意識は極めて情緒的・主観的であるといえる。しかし，青年期の後期になると人格の分化や複雑化を背景として，自己を客観的にとらえることができるようになる。つまり，自己を内観し，自己の本質を知り，信念に従って自己統制が可能になるのである。そして，青年は自我が確立すると，社会的・文化的な諸現象の価値を判断し，自己の理想とする価値を追求するようにもなる。

　青年期では，生活空間の拡大にともなってさまざまな集団に属するようになる。こうして，それぞれの集団における自分の立場や役割に応じた行動の型を身につけるのである。

参考文献
青木民雄・小山田隆明編著『教育心理学要説』福村出版，1979年
藤原喜悦編『青年期の発達と学習』学芸図書，1992年
柏木惠子・古澤頼雄・宮下孝広『新版発達心理学への招待』ミネルヴァ書房，2005年
福沢周亮・都築忠義『発達と教育のための心理学初歩』ナカニシヤ出版，2011年
無藤隆・市川伸一『学校教育の心理学』学文社，2012年

学びを深めたい人へ
ハヴィガースト, R. J. 著, 荘司雅子監訳『人間の発達課題と教育』牧書店，1958年
無藤隆・麻生武ほか編『講座　生涯発達心理学』（全5巻）金子書房，1995年
古川聡『教育心理学をきわめる10のチカラ』福村出版，2011年
平澤真名子『読解指導における傍線引きの効果に関する教育心理学的研究』風間書房，2012年

第3章
教育目的

　「人間とは何か」「教育とは何か」といった教育の本質に関わる問いは，教員を志す者にとっては，常に考えなければならない課題といえよう。このような問いかけのうち，社会・学校・教員などによる「私たちは，子どもをどのような人間に育てるべきなのか」といった問い，あるいは子どもによる「私たちは学校でどのような価値や能力を形成すべきなのか」といった問いが，教育目的にあたる。
　家庭においては，保護者は子どもの人間性や能力に関して一定の理想を描き，その実現をめざして子育てを行う。また学校は，社会が描く理想的人間像に沿った形で目的を設け，その方向に子どもが成長することをめざして教育活動を行う。このように，教育目的は教育の実際を方向づける重要なものといえる。
　本章では，まず教育目的の意義について分析し，続いてどのような人間像が教育目的の基本的側面として考えられるのかを明らかにする。そして，日本における教育目的の変遷を戦前と戦後に分けて検討する。さらに，「教育基本法」「学校教育法」に定められている現在の学校教育の教育目的と教育目標についても考える。

1　教育目的とは

　教育は本質的に目的意識的な活動であり，教育を行う主体は，何らかの意図をもってその行為を行う。このような主体が実現しようとするものを，「教育目的」という。すなわち，教育目的とは，実践において教育する側が被教育者の内に実現しようとする価値ないしは到達点であり，それは実際の教育に意味や方向性を与え，また教育実践を支える核となるものであり，教育を通じて実現しようと願う最も重要な価値である。一方，被教育者の内面においてもそれを達成しようとする努力がなされる。
　このような教育目的は，実践を構成している教育内容・方法・制度を規定し，同時にその実践の成果についての反省や評価の基準ともなる。本来の教育目的

は，特定の知識・技能・態度などの習得により変容を遂げたうえでの総合的な「人間像」を描いている。したがって，教育活動が「全体としての人間育成」という見通しを欠き，単なる知識・技能・態度の教え込みや訓練的なものとなってはならない。

家庭や社会などにおける教育の場合にも，一定の意図や計画をもって行われているが，意図的な教育を行う学校においては，最も明瞭かつ体系的に教育目的が設定されている。現在の日本の学校教育においても，主に教育基本法と学校教育法に，それぞれ全体的な教育目的と，学校段階別の教育目的が定められている。さらに学習指導要領には教科などの教育課程の目標が示され，個々の学校はこれらを参考にして独自の教育目標を設定している。

1 教育目的の普遍性と相対性

19世紀の中頃まで多くの教育思想家らは，どの時代やどの社会にも当てはまるような，いわゆる普遍妥当な教育目的の設定を試みている。彼らは，人間の本質や理想が時代や場所を超えて在り得るならば，人間形成における教育目的においても同様に変わらぬものが存在するとの考えから，人間の在るべき姿について論じてきたのである。

その一例をあげれば，カント（I. Kant, 1724-1804）は，人間の道徳的素質を発展させて人格を完成させることを教育目的とした。すなわちカントは，人間には先天的に理性が備わっているものの，生まれながらに道徳的とはいえないと考えた。そして，人間はさまざまな欲求や衝動に対して自己抑制することにより道徳的になることができるのであって，そこに教育の役割と目的があると考えたのである。一方，ヘルバルト（J. F. Herbart, 1776-1841）はこれに対し，人間の理性は先天的に備わっているのではなく，形成させるものであり，そこにこそ教育の可能性があると考えた。

しかし，ある程度の普遍性が存在する一方，教育目的は社会的，文化的な影響を受け，相対的であることもまた事実である。教育目的とされる「理想的な人間像」は，その成立基盤としている社会の影響を強く受ける。つまり，それ

ぞれの社会には独自の思想・価値観・制度・生活・芸術・宗教などが存在し，これらはその構成員の生活を方向づけ，結果として社会に応じた人間を育成している。このような社会を基盤から支えている価値などから教育目的が設定されるのであり，教育目的は社会的制約を受け，国家・民族によって実質的内容に違いが生じる。このような社会的制約があると同時に，教育目的は時代的にも強い影響を受けるものであり，歴史的に変遷する。たとえば，ヨーロッパにおける同一の国であっても，キリスト教の影響が強かった中世封建社会に設定された理想的な人間像と，後に市民が中心となった近代社会に設定された人間像とでは，その方向性は明確に異なる。日本の場合でも，明治以降の近代公教育制度下の国家主義的色彩の強い教育目的と第二次世界大戦後の民主的な日本国憲法下の教育目的とでは，その性格は大きく異なっている。

このような社会的，歴史的制約が存在していることから，教育目的を考えるとき，それは単に人格一般の本質を問う理論的考察のみで導き出されるべきではないとするのが今日では一般的である。教育目的はその社会に固有の社会観・価値観・人間観・世界観，あるいは社会がめざす理想や課題などによって大きく規定され，また時代の制約を受けて歴史的に変遷するととらえられている。

2 教育目的の基本的側面

このように，教育の目的は社会的・歴史的現実に規定され，めざすべき教育の目的はさまざまな形で設定され得る。しかし，自然的人間を社会的・文化的な人間にまで高める教育活動一般には，共通的あるいは普遍的な教育目的が存在していることも確かである。

多くの教育学者によって考えられた教育目的の基本的側面は以下の3つに大別される。①一人ひとりの人間の諸能力の調和的発達や人間的成長に価値を置く個人的目的，②国家や社会の現実的要求に応え，その維持・発展に寄与する人間を形成しようとする社会的目的，③歴史のなかに培われてきた文化を伝達するとともに，新たな社会を支える文化を創造する意志・能力の育成を

願う文化的目的である。

1）個人的目的

この教育目的観では，自由な個人の価値を尊び，人間それ自体の完成を教育の最も中心的課題とする。当然のことながら，この目的観は社会的存在としての人間の育成について軽視しているわけではない。しかし，何よりもまず教育の価値を，個人の十分な成長と発達に設定するのである。

歴史的にみれば，近代社会成立以前において教育は特定の身分・階級・職業と密接に結びついており，庶民は学校以外の場で与えられた仕事のための必要最低限の知識と技能を学ぶだけであった。しかし，市民革命を経て成立した近代市民社会においては，個人主義的自由主義の精神のもと，すべての人間が自由で平等な権利をもつことを原理とする社会と，その社会を担う人間を作り出そうとする，新たな教育目的が明確に構想されたのである。このような教育の理念は，すべての人間を人間として尊重し，何かの目的のための手段として人間を育成するのではなく，人間それ自体を完成させようとすることにあった。

この個人的目的について，現行教育基本法の規定で示すと，前文における「個人の尊厳を重んじ」や，第1条の「人格の完成」，第2条の「個人の価値を尊重」「自主及び自律の精神」などといった箇所がそれにあたる。

2）社会的目的

この教育目的観では，個人の社会への適応，あるいは社会生活との積極的な関わりを通して確立される自己実現といった側面を重視する。個々の人間はある社会共同体に属しており，孤立した個人として生きることはできない。すなわち，集団や社会の一員として個別に課せられた役割に従った生活を営む以外に自己の発達を図ることができない。したがって，個々人はそれらの構成員として要求される資質・能力・職業的知識や技能を身につけなくてはならず，また責任ある一員として，社会がめざす理想の実現や課題の解決に貢献する人間になることも要請される。

この目的観は歴史的にみれば，国家主義（nationalism）の高揚のなかで一層顕著になった。すなわち，19世紀以降の資本主義の進展にともなって，民族の

伝統や国家意識を統一しようとする民族主義的・国家主義的な教育目的が強まり，個人的側面よりも社会的側面の教育目的が優位を占めたのであった。しかし，今日では，上述したような社会の責任ある構成員としての資質・能力・職業的能力の形成や社会的課題の解決に献身するような側面が重視されている。

この社会的目的について，現行教育基本法の規定で示すと，第1条の「平和で民主的な国家及び社会の形成者」の育成や第2条の「勤労を重んずる態度」などといった箇所がそれにあたる。

3）文化・教養的目的

上述した個人的側面と社会的側面とを考慮しながら，教育の機能を文化・教養の伝達と創造の関わりでとらえようとする立場がこの教育目的観である。たとえば，シュプランガー（E. Spranger, 1882-1963）は，人間は，常により良い生，つまり真理や美の追求，宗教生活，奉仕的社会生活，政治的や経済的活動といった価値的な生活を追求し，それに向かって自己の生を形成し，自らも価値ある文化を創造し，表現すべきであると考えた。そこで，子どもに文化の受容と表現活動とを統一的に展開させることが教育の目的であるべきとした。

ところで，教育の目的を考えるとき，個人的目的と社会的目的の両者は，時として二項対立的な枠組みで論じられることもある。しかし，そもそも「個人」という概念の実体は「社会的個人」という概念に他ならないとして，二元論的対立論理から脱却し，一元論的に教育目的を探究したのがデューイ（J. Dewey, 1859-1952）の民主主義的目的論である。彼は『民主主義と教育』（1916年）において，教育目的として「自然的発展（Natural Development）」「社会的能力（Social Efficiency）」「教養（Culture）」をあげ，これら3つが調和的に存在すべきだとした。「自然的発展」と「社会的能力」は上記の「個人的目的」と「社会的目的」に対応するものである。デューイによる教育目的論を概略すれば，子どもの自然的能力を十分に発展させるとともに，それを社会的規範や状況に適応させながら産業的能力や市民的能力といった社会性を育ませ，さらに文化的教養を高めることによって精神的生活を充実させていくことを，全体としてとらえようとしたのであった。

以上のような文化的・教養的目的観は、個人的目的と社会的目的だけでは、現代の理想的な教育目的を形成し得ないとする考えによるものである。人類の歴史から見ても明らかなように、人間はしばしば利己的・独善的に陥り、政治的・文化的な退行をすることもある。このように人間は、普遍的・文化的要求とは著しく掛け離れることもあるのであって、個人は単に社会的に有能な社会人であるだけでは不十分である。すなわち、常に真実の普遍的文化・教養・価値に目覚めた人間になることが求められるという目的観でもある。

この目的観を現行教育基本法の規定で示すと、前文の「真理と正義を希求」する人間の育成や「文化の創造」などといった箇所がそれにあたる。

以上の教育目的の3つの基本的側面は、個々に切り離して考えられるものではなく、現実には諸側面が関連しあっているということができる。現代的な教育目的は3つの諸側面を何らかの形で含んでいるが、どこに重点を置くかによってその特徴が現れることになるのである。

2　教育目的の歴史的変遷

日本における近現代の学校教育の目的の変遷を概観する（教育目的の変遷については、第14章でさらに詳述する）。近代的な学校制度の導入は1872年の「学制」に始まる。この「学制」の前文にあたる「学事奨励ニ関スル被仰出書」（被仰出書）には政府の教育基本方針が示されており、近代国家として出発した日本の当初の教育目的を窺うことができる。そこには四民平等の思想を基盤として、身分・門地・性別などによる差別なく、すべての人民が就学すべきことが強調されている。そして、「立身治産」という個人主義的・功利主義的な志向が学校教育の目的として設定されたのであった。しかし、1890年の「教育ニ関スル勅語」（「教育勅語」）発布により、学校教育における教育目的は個人主義から国家主義的なものに大きく転換された。そして戦時期には軍国主義的な性格が強まり、学校の教育目的も「皇国ノ道」に則って「国民ノ基礎的錬成」を図るなど（「国民学校令」）とされ、国家主義的イデオロギーにより大きく規

制されることになった。

1 戦後教育改革期の教育目的

　1945年の敗戦を契機として，日本の教育目的は大きな転換が迫られた。それは，戦前の教育目的があまりに国家主義的で，個人を尊重するものでなかったことへの反省に基づくものであり，日本国憲法の精神に基づく，民主的な教育目的の設定が模索された。戦後の教育理念を定め，その後の教育を方向づけたのが1947年3月制定の教育基本法であった。

　1947年の教育基本法はその前文において，日本国憲法の「民主的で文化的な国家を建設して，世界の平和と人類の福祉に貢献」しようとする理念の実現は，教育の力にまつべきものとしており，教育への期待を強調している。そして，教育の根本理念は「個人の尊厳を重んじ，真理と平和を希求する人間の育成を期するとともに，普遍的にしてしかも個性ゆたかな文化の創造をめざす教育を普及徹底しなければならない」と示している。この理念を踏まえ，第1条では，人格の完成をめざすという個人から始まり，平和的で民主的な国家及び社会の形成者の育成を図るという共同社会に貢献する社会的個人の形成が，国民全体の教育目標として示された（図表3.1参照）。このように，1947年の教育基本法は，前文と第1条において教育目的を定め，「人格の完成」を究極の目的とするとともに，先にあげた①個人的目的，②社会的目的，③文化的目的の3つの側面により全体を構成している。

3　現在の学校教育の教育目的と教育目標

1 「教育基本法」の改正

　戦後半世紀以上続いた教育基本法であったが，2006年12月に改正された。この改正の背景には，科学技術の進歩・情報化・国際化・成熟化・多様化・少子高齢化などの戦後60年にわたる日本社会の大きな変化があった。加えて，いじめ・不登校・自殺・暴力・子育て不安・虐待・学ぶ意欲や学力や体力の低下と

いった子どもに関わるさまざまな教育問題の深刻化もあった。このような家庭・学校・地域社会に及ぶ全体的な教育力の低下などに対して，1947年の教育基本法の普遍的理念を継承しつつ，根本的で総合的な改革が必要とされたのであった。この改正過程において，「公共心」「道徳心」「愛国心」といった規範的な徳目の導入をめぐる議論は国民的関心を集めた。

　ここで，改正教育基本法中の教育の目的と目標に関する第1条と第2条について考えてみたい。図表3.1は改正教育基本法における教育の目的と目標をまとめたものである。まず，教育目的の重点については，旧法・改正法いずれの教育基本法においても同一である。第1条の人格の完成と平和で民主的な国家及び社会の形成者の育成を図るという目標設定は旧法をほぼそのまま引き継ぐものである。一方，第2条は旧法では「教育の方針」であったのが，改正法では「教育の目標」として，第1条の「教育の目的」を受けた具体的な表記となっている。ここでは，知育・徳育・体育が統合された形で目標が設定されている（第1項）。また，旧法を引き継いだ個人の価値の尊重，正義と責任，男女平等，自他の敬愛と協力などに加え，新法では公共の精神に基づいて主体的に社会の形成に参画すること（第3項），環境の保全に寄与する態度を養うこと（第4項），伝統と文化を尊重し，日本と郷土を愛するとともに，他国を尊重し国際社会の平和と発展に寄与する態度を養うこと（第5項）などが新たに規定された。

図表3.1　改正教育基本法における教育の目的・目標（抜粋）

第一章　教育の目的及び理念
（教育の目的）
第一条　教育は，人格の完成を目指し，平和で民主的な国家及び社会の形成者として必要な資質を備えた心身ともに健康な国民の育成を期して行われなければならない。
（教育の目標）
第二条　教育は，その目的を実現するため，学問の自由を尊重しつつ，次に掲げる目標を達成するよう行われるものとする。
一　幅広い知識と教養を身に付け，真理を求める態度を養い，豊かな情操と道徳心を培うとともに，健やかな身体を養うこと。

二　個人の価値を尊重して，その能力を伸ばし，創造性を培い，自主及び自律の精神を養うとともに，職業及び生活との関連を重視し，勤労を重んずる態度を養うこと。
三　正義と責任，男女の平等，自他の敬愛と協力を重んずるとともに，公共の精神に基づき，主体的に社会の形成に参画し，その発展に寄与する態度を養うこと。
四　生命を尊び，自然を大切にし，環境の保全に寄与する態度を養うこと。
五　伝統と文化を尊重し，それらをはぐくんできた我が国と郷土を愛するとともに，他国を尊重し，国際社会の平和と発展に寄与する態度を養うこと。

出所）教育基本法（2006年12月改正）

　ところで，教育基本法をはじめ，法制的には「教育目的」に類似した用語として「教育目標」という用語も使われている。一般的には教育目的という場合，より包括的で抽象化された価値や理念が示されており，その教育目的を実現するための，より具体的で個別的な資質・能力を示すものとして教育目標が掲げられている。目的と目標の関係性でいえば，目的は目標を導く上位概念として用いられ，目標は目的を実現するための達成目標あるいは努力目標を意味する下位概念である。すなわち，教育目標の内容は，教育基本法から学級の教育目標に至るまで，階層的に示されていく。具体的には，教育基本法では新しく規定された日本の伝統と文化の尊重などの5項目（第2条），学校教育法では義務教育の目標の10項目（第21条），小学校教育の目標（第30条），中学校教育の目標（第46条）など，各学校種別に示されている。さらに学習指導要領では，各教科などの教育目標や各学年の教育目標が示されている。これらを踏まえて，都道府県や市区町村の教育委員会は教育のねらいや目標を定め，また各学校においては地域性なども考慮して学校教育目標を定めているのである。

2　学校教育法の改正

　教育基本法の改正を受け，2007年6月に学校教育法も改正された。図表3.2は学校教育法における学校段階ごとの目的と目標をまとめたものである。学校教育法の改正の特徴は，教育基本法の新しい教育理念を踏まえ，新たに義務教育の目標を定め，幼稚園から大学までの各校種の目的や目標の見直しが行われたことである。

図表3.2 学校教育法における学校段階ごとの目的・目標（抜粋）

	目　的	目　標
幼稚園	義務教育及びその後の教育の基礎を培うものとして，幼児を保育し，幼児の健やかな成長のために適当な環境を与えて，その心身の発達を助長すること	1．健康，安全で幸福な生活のために必要な基本的な習慣を養い，身体諸機能の調和的発達を図ること。 2．集団生活を通じて，喜んでこれに参加する態度を養うとともに家族や身近な人への信頼感を深め，自主，自律及び協同の精神並びに規範意識の芽生えを養うこと。 3．身近な社会生活，生命及び自然に対する興味を養い，それらに対する正しい理解と態度及び思考力の芽生えを養うこと。 4．日常の会話や，絵本，童話等に親しむことを通じて，言葉の使い方を正しく導くとともに，相手の話を理解しようとする態度を養うこと。 5．音楽，身体による表現，造形等に親しむことを通じて，豊かな感性と表現力の芽生えを養うこと。
小学校	心身の発達に応じて，義務教育として行われる普通教育のうち基礎的なものを施すこと	1．学校内外における社会的活動を促進し，自主，自律及び協同の精神，規範意識，公正な判断力並びに公共の精神に基づき主体的に社会の形成に参画し，その発展に寄与する態度を養うこと。 2．学校内外における自然体験活動を促進し，生命及び自然を尊重する精神並びに環境の保全に寄与する態度を養うこと。 3．我が国と郷土の現状と歴史について，正しい理解に導き，伝統と文化を尊重し，それらをはぐくんできた我が国と郷土を愛する態度を養うとともに，進んで外国の文化の理解を通じて，他国を尊重し，国際社会の平和と発展に寄与する態度を養うこと。 4．家族と家庭の役割，生活に必要な衣，食，住，情報，産業その他の事項について基礎的な理解と技能を養うこと。 5．読書に親しませ，生活に必要な国語を正しく理解し，使用する基礎的な能力を養うこと。 6．生活に必要な数量的な関係を正しく理解し，処理する基礎的な能力を養うこと。 7．生活にかかわる自然現象について，観察及び実験を通じて，科学的に理解し，処理する基礎的な能力を養うこと。 8．健康，安全で幸福な生活のために必要な習慣を養うとともに，運動を通じて体力を養い，心身の調和的発達を図ること。 9．生活を明るく豊かにする音楽，美術，文芸その他の芸術について基礎的な理解と技能を養うこと。 10．職業についての基礎的な知識と技能，勤労を重んずる態度及び個性に応じて将来の進路を選択する能力を養うこと。
中学校	小学校における教育基礎の上に，心身の発達に応じて，義務教育として行われる普通教育を施すこと	
義務教育学校	心身の発達に応じて，義務教育として行われる普通教育を基礎的なものから一貫して施すこと	
	中学校における	1．義務教育として行われる普通教育の成果を更に発展拡充させて，

第 3 章　教育目的　39

高等学校	教育の基礎の上に，心身の発達及び進路に応じて，高度な普通教育及び専門教育を施すこと	豊かな人間性，創造性及び健やかな身体を養い，国家及び社会の形成者として必要な資質を養うこと。 2．社会において果たさなければならない使命の自覚に基づき，個性に応じて将来の進路を決定させ，一般的な教養を高め，専門的な知識，技術及び技能を習得させること。 3．個性の確立に努めるとともに，社会について，広く深い理解と健全な批判力を養い，社会の発展に寄与する態度を養うこと。
中等教育学校	小学校における教育の基礎の上に，心身の発達及び進路に応じて，義務教育として行われる普通教育並びに高度な普通教育及び専門教育を一貫して施すこと	1．豊かな人間性，創造性及び健やかな身体を養い，国家及び社会の形成者として必要な資質を養うこと。 2．社会において果たさなければならない使命の自覚に基づき，個性に応じて将来の進路を決定させ，一般的な教養を高め，専門的な知識，技術及び技能を習得させること。 3．個性の確立に努めるとともに，社会について，広く深い理解と健全な批判力を養い，社会の発展に寄与する態度を養うこと。
特別支援学校	視覚障害者，聴覚障害者，知的障害者，肢体不自由者又は病弱者（身体虚弱者を含む。）に対して，幼稚園，小学校，中学校又は高等学校に準ずる教育を施すとともに，障害による学習上又は生活上の困難を克服し自立を図るために必要な知識技能を授けること	第72条に規定する目的を実現するための教育を行うほか，幼稚園，小学校，中学校，義務教育学校，高等学校又は中等教育学校の要請に応じて，第81条第1項に規定する幼児，児童又は生徒の教育に関し必要な助言又は援助を行うよう努めるものとする。

出所）　学校教育法（最終改正2017年5月）

　以上の学校教育法の規定における学校別の目的規定を概観する。小学校の目的は，児童の心身の発達に応じて義務教育段階としての基礎的な普通教育を行

うことにある。中学校は，小学校の教育の基礎のうえに，生徒の心身の発達に応じて義務教育段階としての普通教育を行うことを目的としている。義務教育学校は，義務教育として行われる普通教育を，小学校から中学校まで，基礎的なものから一貫して行うことを目的としている。さらに高等学校では，中学校の教育の基礎のうえに，生徒の心身の発達や将来の進路に応じて，高度な普通教育と専門教育を行うことを目的としている。

　これまで述べた法規上の目的や目標は，まだ抽象的・一般的であり，形式的な基準であるといえる。このため，教育目的や教育目標の具体的な内容の選択や設定は，教育基本法や学校教育法の教育目的や教育目標に沿う形で，個々の学校の置かれている地域特性，子どもの個性・興味・能力といった環境や実態を考慮して，学校や教員の主体的な努力により選択され，構成されなくてはならない。言い換えれば，学校や教員に求められていることは，法規の精神・規定などを踏まえつつ，教員自身の人間観や世界観と現場の実態に基づいて，的確で人間味のある主体的な教育目的を設定することであり，その達成をめざして日々の教育実践を邁進していくことにあるといえよう。

参考文献

村井実『原点による教育学の歩み』講談社，1974年
佐藤弘毅・谷田貝公昭編『教育学概論』酒井書店，1992年
川瀬八洲夫『教育思想史研究』酒井書店，1999年
今野喜清・新井郁男・児島邦宏編『学校教育辞典』（第3版），教育出版，2014年

学びを深めたい人へ

Whitehead, A. N. 著，森口兼二・橋口正夫訳『教育の目的』（著作集第9巻）松籟社，1986年
Brezinka, W. 著，小笠原道雄・坂越正樹監訳『教育目標・教育手段・教育成果—教育科学のシステム化』玉川大学出版部，2009年

第4章
教育課程

　私たちが学習する際，そこには教育内容が存在する。教育内容は私たちの知識・価値観・人間性などの形成と深く関わっており，教育という意図的・計画的な営みの中心的位置を占めているということができる。学校ではこのような意義をもつ教育内容を，教育の目標や子どもの発達状況に合わせて体系化・構造化し，それを「教育課程」として編成している。このため，教育の本質を考えるうえで，どのような教育内容を学ぶことが必要であるのか，また教育課程がどのような構造で成り立っているのかを知ることは重要である。
　本章では，このような教育課程の意義や構造を確認し，さらに日本の教育課程の編成基準となっている学習指導要領やその歴史的変遷についてもみていくことにしたい。

1　教育課程とは

1　教育課程の意義

　教育活動が行われる場合，そこには必ず教育（学習）の内容がある。教育内容を広義にみると，それは社会的な人間形成の素材であり，無意図的教育や自然的教育の過程にも存在するものである。つまり子どもの興味・関心の対象すべてを教育内容と考えることができる。また同時に生活を子どもの成長・発達の過程ととらえれば，生活のなかのどのような環境や経験も，すべてが教育の媒体や素材となる。しかし組織的・計画的な教育を行う学校においては，このような広範な内容をそのまま教育内容としているのではない。本来の教育内容とは，子どもが学習を通じて自己を発達させていく過程を，学校や教育者が教育目的に即して文化的素材のなかから一定の内容を選択し，組織化した教育計画である。つまり，それぞれの学校や教員は最も適切な教育内容を選択し，それらを相互に関連づけて構造化し，順序づけて教育課程を編成しなければなら

ない。一方，子どもたちはこのような教育課程の学習を通じて知識や技能を習得し，人格を形成していくことになる。このような意味で，教育内容は教育という営みの中心的位置にあるといえる。

　教育課程を行政面からみると，国民の教育を受ける権利に基づいて教育水準を保障するため，国は一定の教育課程の基準を示すことになる。このため，後述するように文部科学省は学習指導要領を提示している。

　狭義の意味での教育内容は，教育目的・目標―教育内容―教育方法という学校における教育という営みの一環に位置づく。すなわち，一定の目標に即して選択・整理された内容は教科を構成し，さらに児童・生徒の発達段階に応じて教科内容が選択される。そして教育実践においては，学習すべき内容が教材として具体化されるのである。今日の学校教育では，このような教育内容を「教育課程」(curriculum) とよぶ。

　学校教育における教育課程とは，学校教育の目的や目標を達成するために，教育の内容を児童の心身の発達に応じ，授業時数との関連において総合的に組織した学校の教育計画である。一方，カリキュラムという用語は教育課程より広義で用いられ，非計画的で無意図的な教育内容，いわゆる「潜在的カリキュラム」も含めて学習者に与えられる学びや経験などを総合したものとして用いられる。

　戦前の日本では，教育課程を「教科課程」（小学校）や「学科課程」（中学校・専門学校）とよび，教育課程とは主に学校での教育内容を組織した教育計画ととらえられていた。しかし，戦後には子どもたちの学校における学習経験の総体として広くとらえられるようになり，教授内容と教材の区分や構成までを含めることが一般的となった。

　ところで，教育課程は教科によって構成されるだけではなく，「教科課程」と「教科外課程」の2領域から構成されている。教科課程とは学校教育の中核を占め，児童・生徒の発達段階に即して組織化したものである。一方，教科外課程とは学校行事・学級活動・生徒会などの特別活動をはじめ，学校内外で直面する幅広い生活経験と活動を通じて児童・生徒の道徳的・集団的特性を育成

する課程のことである。

2 「顕在的カリキュラム」と「潜在的カリキュラム」

　学校における教育内容，教科・活動といった目標等は学習指導要領に示され，また，指導計画などは学校単位で作成される。このように，教育課程は通常明確な形で計画・構造・配置されており，これは「顕在的カリキュラム」とよばれる。それに対して，明示されない暗黙の形で子どもに伝達されていくような「潜在的カリキュラム」が存在する。それは学校の在り方や校風，教員の指導の仕方や態度，子どもたちを取り巻く人間関係，教室の雰囲気など，学校生活のなかで教育する側が明確に意図して計画した事柄の裏で，暗黙のうちに伝達されている規範・価値・信念である。

　以上のように，学校においては顕在的カリキュラムと潜在的カリキュラムの双方の影響力を視野に入れた教育課程の研究と実践が求められるのである。

3 教育課程の3つの次元

　実際の教育活動において教育課程はどのように計画され，実施されているのだろうか。教育活動を分析すると，その活動は「PDCAサイクル」に基づいて営まれている。すなわち教育活動のプロセスには「企画・立案（Plan）」「実践・実行（Do）」「点検・評価（Check）」「点検・評価に基づく改善（Action）」の活動要素があり，各活動要素は相互に関連して構成されている。

　教育課程が適切に運用され，実践として結実しているかを評価するためにも，それぞれの活動要素に着目する必要がある。以下では国際教育到達度評価学会（IEA）が学力の国際調査で使用している教育課程の3つの次元を提示する。

　① 意図したカリキュラム（intended curriculum）：国家または教育制度の段階で決定される教育内容であり，教育政策や法規，国家的な試験の内容，教科書や指導書などに示されている。日本では文部科学省が国家的レベルでの教育目標を定めて学習指導要領により教育課程を編成している。

　② 実施したカリキュラム（implemented curriculum）：学校や教員は，学習指

導要領を受けて作成した教育課程に基づいて教育活動を行うものである。つまり，学校や地域社会や児童・生徒の諸条件を勘案して，教員が児童・生徒に与える教育内容であり，実際の指導・教室経営・教育資源の利用などが含まれる。

③達成したカリキュラム（attained curriculum）：児童・生徒が学校教育のなかで学校や教員から行われた教育活動（「実施したカリキュラム」）を通して獲得した，概念・手法・態度などの教育内容，あるいは評価されたカリキュラムである。

　この3つの次元が一致することによって，国のレベルで示された教育目標が子どもたちの学習成果に直結することになる。しかし3つの間には必然的にズレが生じる。そのズレの一致を求めようとすると，学校や教員の教育活動が抑制され，教員たちを受動的な状況に追い込む恐れがあるという問題が生じる。そのためPDCAサイクルの「実践・実行（Do）」の部分に関しては，学校や教員の意図や指導力に任せることが望まれる。つまり，教育課程は子どもたちの成長と発達に必要な文化を組織した全体的な教育計画だけでなく，その計画に基づく教育実践と評価を総合することが重要といえる。

4　教育課程の諸類型

　教育課程がどのような性質をもつかは，そもそも設定された教育目的が何を価値あるものとするのかによる。たとえば教育の目的において文化的遺産の伝達に重きをおくとすれば，その教育課程は各種の知識や技術の体系に基礎をおくことになる。一方，子どもの生活体験を重視する立場を教育の目的とするならば，子どもたちの日常生活で経験する諸々の事柄を中心に教育課程を編成することになる。以下，カリキュラム構成方法の代表的な類型を概説する。

　①教科カリキュラム（subject curriculum）：近代の教育課程としては最も伝統的なカリキュラムで，教材カリキュラムともいわれる。このカリキュラムは知識の体系的論理性を重んじ，教材の目的や性質によって教科や科目を区分し，教育内容を構成したものである。各教科目にはそれぞれ他の教科目と異なる独自の価値や系統性がある。

② 相関カリキュラム（correlated curriculum）：内容面で2つ以上の教科を相互に関連づけて編成したものである。つまり，教科の区分はそのままにしておきながらも，教科間の内容の関連づけや関係の密接化を図ることをめざしている。

③ 融合カリキュラム（fused curriculum）：類似した複数の関連する教科を取り出し，ひとつの領域あるいは教科を新しく作り出したものである。すなわち融合カリキュラムは，独立した伝統的な教科目から関係ある共通な要素を取り出し，あるひとつの大きな問題を中心として新しい教科・領域に統合しようとするものである。

④ 広（領）域カリキュラム（broad fields curriculum）：教科間の相関をさらに進め，教科の枠にとらわれずにひとつの新しい原理によって教材を選択して広い領域にまとめて編成したものである。教科の枠をある程度外すという点において融合カリキュラムと類似しているが，広（領）域カリキュラムは特に中心となる教科はなく，複数の教科内容が同時に教授される。

⑤ コア・カリキュラム（core curriculum）：中心カリキュラムともよばれ，教科の区分にかかわらず題目ないし問題が設定される。このカリキュラムでは，中心課程に生活経験の内容の問題を設け，その周辺に各教科の内容を位置づけ，それが全体構造を保つよう構成される。

⑥ 経験カリキュラム（experience curriculum）：生活カリキュラムまたは活動カリキュラムともよばれ，児童・生徒の生活経験や活動を重視し，自らの興味や欲求に基づいて学習活動を展開させようとするものである。このカリキュラムでは教育内容を，既存の教科を構成するさまざまな文化領域の知識・技術・価値から形成するのではなく，学習者の自発的で活動的な学習経験から構成される。

2　戦後の日本の教育課程—学習指導要領を中心にして—

1　教育課程の編成と学習指導要領

現在，教育課程の編成という言葉が使われた場合，それは「カリキュラム構成（curriculum construction）」という意味であり，「カリキュラム開発（curriculum development）」という概念とほぼ同義である。一般的には学校教育の目的や目標を達成するために，児童・生徒の心身の発達に応じて，教育内容を授業時数との関連において総合的に組織・編成された学校の教育計画を策定することを意味している。

教育課程の編成に関わる主な法規としては，教育基本法・学校教育法・学校教育法施行令・学校教育法施行規則などがある。学校教育法施行規則では，小学校・中学校・高等学校などの教育課程の基準は文部科学大臣が公示する学習指導要領によるものと定められている。

学習指導要領とは文部科学大臣が告示をもって公示する各学校の教育課程の編成や実施基準を意味する「教育課程」の基準である。また，地域差や学校の特色の相違などを超えて，全国的に共通な教育内容の大綱的基準を定めたものである。そして，学習指導要領の内容は総則・各教科・領域の目標とその基本的内容などから構成されている。

学習指導要領には，小学校・中学校・高等学校・特別支援学校用の4種類がある。特別支援学校の場合は，特別支援学校小学部・中学部学習指導要領及び同高等部学習指導要領に分かれている。幼稚園には幼稚園教育要領がある。

これら各学校段階において具体的に教育課程を編成するのは，各学習指導領の総則に示されているように各学校である。各学校では法に従いながら，児童・生徒の人間としての調和のとれた育成をめざし，地域や学校の実態及び児童・生徒の心身の発達段階と特性を十分考慮して教育課程を計画するのである。

2　学習指導要領の歴史的変遷

学習指導要領は，時代や社会の状況の変化に応じて，これまでおおよそ10年

ほどの間隔で改訂が繰り返されてきた。以下，その変遷を概観する。

1）1947年の学習指導要領（試案）

　第二次世界大戦の終結により，日本社会は民主主義による新教育体制へと大きく転換した。1947年に教育基本法・学校教育法が制定され，同年，戦後の民主的教育の教育課程を定めるものとして『学習指導要領一般編（試案）』が刊行され，続いて「各教科編（試案）」が刊行された。「試案」と明示されているように，この学習指導要領は法的な拘束力をもつものではなく，学校や教員が教育課程を編成する際の研究の「手引き」という性格をもっていた。また，この学習指導要領では教育の目標を児童自らの成長におき，それが教育の価値・目的であるとした。つまり児童中心主義・経験主義的な要素が教育内容に取り入れられ，これが指導上の原理となったのである。特色としては小学校・中学校では，戦前の「修身」「日本歴史」および「地理」が廃止され，新しく「社会科」が設けられた。社会科は従来の歴史・地理などを単にあわせたものではなく，「社会生活についての良識と性格」を養うことを目的としている。さらに「家庭科」が設けられて，原則として男女ともに必修となった。また児童・生徒が日々の学習活動のなかで，さらに発展させる場合を想定したものとして特別活動の領域では「自由研究」の時間が設けられた。中学校には「職業科」が設けられた。

2）1951年改訂の学習指導要領（試案）

　1951年の学習指導要領も1947年版と同様に「試案」として示され，「基本的な考え」は変わらないとされた。しかし従来の「教科課程」が「教育課程」と名称を変え，教科以外の活動を含めたより広い概念で教育活動をとらえるようになった。また，「自由研究」が廃止され，小学校では「教科以外の活動」，中学校・高等学校では「特別教育活動」に変更された。

3）1958・60年改訂の学習指導要領

　1958年に改訂された学習指導要領は，形式・内容ともに大きく変化した。児童・生徒の問題行動の増加や学力低下問題などもあり，この改訂では，基礎学力の充実と道徳教育の徹底や，科学技術の振興など義務教育段階の教育課程の

見直しが行われた。そして従来の経験主義から知識の系統性を重視する系統主義へと基本的性格を大きく転換させた。さらには,「告示」として刊行され,学習指導要領は法的拘束力を持つ国家基準であるという位置づけが明確化されたのである。また「一般編」がなくなり,小学校（1958年改訂）・中学校（1958年改訂）・高等学校（1960年改訂）と,別々の冊子で刊行されるようになった。さらに中学校の教育課程の編成は「教科」「特別教育活動」「学校行事」「道徳」の4領域となった。「道徳の時間」が特設されたことも重要な改訂点であり,戦前の「修身」の復活として批判する声も聞かれた。

4) 1968・1969・1970年改訂の学習指導要領

1968年（小学校）・69年（中学校）・70年（高等学校）の改訂は,より高度で科学的な教育を展開するために学校教育を全体的に検討し,時代の進展に応じた改善と充実を図ろうとした。つまり,教育内容の系統性を重視し,「教育内容の現代化」が実施された。特色としては教育課程で「特別教育活動」と「学校行事」が統合されて「特別活動」となり,教育課程の全体構造が簡素化され,それまでの4領域から3領域に編成されることとなった。また授業時数をこれまで年間の最低時数として示されていたものを標準時数とした。

5) 1977・1978年改訂の学習指導要領

1960年代半ば以降の高度経済成長に伴い,高等学校や短期大学・大学への進学率が急上昇し始めた。このようななかで激しい受験戦争が起こり,児童・生徒に過度な負担をかける「詰め込み教育」や授業についていけない「落ちこぼれ」などの問題が学校教育現場で多く見られるようになった。そのような背景のなか教育のあり方が問い直され,1977年（小学校・中学校）・1978年（高等学校）に改訂が行われた。基本的方針は人間性豊かな児童・生徒の育成であり,教育内容の精選やゆとりある充実した学校生活の実現が重視された。そのため年間総授業時数が削減され,指導内容も大幅に削減された。また人間性の育成のために道徳教育が重視されるようになった。

6) 1989年改訂の学習指導要領

1977年の改定後,当時の科学技術の進歩と経済の発展は,物質的な豊かさを

生むとともに，情報化・国際化・価値観の多様化・核家族化・高齢化など社会の各方面に大きな変化をもたらした。こうした諸変化が児童・生徒の生活や意識に深い影響を及ぼしているという認識の下に，自ら対応できる心豊かな人間の育成を図ることを基本理念として，改訂がなされた。

改訂の特色としては，心豊かにたくましく生きる人間の育成や自ら学ぶ意欲と自己教育力の育成，さらには基礎・基本の重視と個性を生かす教育の推進や国際理解の推進と日本の文化と伝統を尊重する態度の育成であった。

改革内容としては，小学校低学年での「生活科」の新設と，個に応じた指導の推進である。「生活科」は社会科と理科が統合したものであるが，各教科においても「合科的な指導」と「体験的な活動」が求められるようになった。中学校では基礎・基本の確実な定着を図るとともに，個性を生かす教育を推進するため選択履修の幅を拡大し，習熟度別編成を導入した。また「技術・家庭科」に「情報基礎」が追加され，高等学校では「社会科」が廃止され，「地理歴史科」「公民科」となった。そして新たに「家庭科」が男女必修科目とされた。さらには道徳教育を重視し，学校行事などでの国旗・国歌の取り扱いを明確にした。

7) 1998・99年改訂の学習指導要領

1998年（小学校・中学校），99年（高等学校）の改訂では各学校がゆとりのなかで特色ある教育を展開し，子どもが自ら学び自ら考える「生きる力」の育成を実現することを狙いとした。特色としては完全学校週5日制の実施と教育内容の3割削減，総合的な学習の時間の新設などである。こうした教育内容は「ゆとり教育」と呼ばれるようになった。この改訂では「生きる力」につながる「学び」をつくりだそうとしたが，学力低下を招いたとの厳しい批判もみられた。すなわち，1999年頃より「学力低下論争」が沸きあがった。「分数ができない大学生」などという問題提起から始まり，論争の中心は学習指導要領にも発展した。また，OECDが実施したPISAでは，日本の生徒はとりわけ「読解力（reading literacy）」が不足していることが判明した（2004年12月）。これらを受けて従来の「新しい学力観」に代わる改訂が2008・09年に行われるこ

ととなった。

8）2008・09年改訂の学習指導要領

　2008年（小学校・中学校），09年（高等学校）改訂の学習指導要領は，改正教育基本法等の教育理念を踏まえ，引き続いて「生きる力」を育成することとされた。そして，TIMSSやPISAなど国際的学力調査に対応する学力づくりが目指された改訂となった。特にPISAは，その学校教育の基礎・基本を超えた活用能力を問う試験で，科学的リテラシー，読解リテラシー，数学的リテラシーと問題解決能力を調査し評価しているが，学習指導要領ではPISAが求めるリテラシー教育を強化するために関係3教科の時間数を増加させ，また総合的な学習の時間も残された。このような流れのなかで，算数数学・理科・国語・外国語の4教科を中心に時間数が大幅に増加された。

　特色としては基礎的・基本的な知識や技能の習得と，思考力・判断力・表現力の育成のバランスが重視された。また確かな学力を確立するために必要な授業時数の増加や学習意欲の向上と学習習慣の確立，さらには道徳や体育などの充実による豊かな心や健やかな体の育成のための指導の充実などがあげられる。また教育内容に関する改善事項としては，言語活動，理数教育，伝統や文化に関する教育，道徳教育，体験活動の充実及び小学校での外国語活動の新設などがあげられる。

9）2017・18年改訂の学習指導要領

　幼稚園は2018年度から，小学校は2020年度から，中学校は2021年度から，全面実施となり，高等学校は2022年度から年次進行で実施される。

　改訂の基本的な考え方としては，これまでの学校教育の実践や蓄積を活かし，子どもたちが未来社会を切り拓くための資質・能力を一層確実に育成することとしている。そのために「何ができるようになるか」（コンピテンシー）ということを社会と共有することを求めている。また，知識及び技能の習得と思考力・判断力・表現力等の育成のバランスを重視したうえで，知識の理解の質をさらに高め，確かな学力を育成することや道徳教育の充実，体験活動の重視もあげている。さらに，体育・健康に関する指導の充実により，豊かな心や健や

かな体を育成することも求めている。

　改訂において示されている資質・能力とは，①知識及び技能が習得されるようにすること，②思考力・判断力・表現力等を育成すること，③学びに向かう力，人間性等を涵養すること，である。この「3つの柱」は，幼・小・中・高等学校の教育課程や授業の展開においても貫徹されるものである。

　改訂のキーワードとしてあげられるのは，「社会に開かれた教育課程」・「主体的・対話的で深い学び」・「カリキュラム・マネジメント」である。

　「社会に開かれた教育課程」とは，これから社会を創り出していく子どもにとって，人生を切り拓いていくために求められる資質・能力とは何かを，教育課程において明確化し育んでいくことである。そのためにも，教育課程の実施においては学校内に留めることなく，よりよい社会を創るという目標を学校と社会とが共有し，社会教育との連携を実施していくことなどが求められている。

　近年注目を集めているアクティブ・ラーニングは，今回の指導要領では「主体的・対話的で深い学び」と表現されることになった。「主体的」とは，学びに対し興味・関心をもち，将来の見通しをもって粘り強く取り組むことである。また，自己の学習活動を振り返り，次の学習につなげていくことができるようになることである。「対話的」とは，子どもの考えを広げ深めるために，子ども同士，教職員や地域の人，さらには過去の偉人との「対話」を意味している。「深い学び」の「深い」とは，習得・活用・探究へと深めることである。それに加えて，各教科等ならではの物事をとらえる視点を意味する「見方・考え方」を働かせながら，知識の関連付けや情報を精査し考えることである。問題を見いだし解決策を考えたり，思いや考えを基に創造性を深めたりすることも含まれる。

　「カリキュラム・マネジメント」とは，教科・領域・学年をまたいでカリキュラムを把握し，横断的な視点で学校教育課程全体をマネジメントすることである。そのため，各種データ等に基づき，教育課程を編成し，実施し，評価して改善を図る一連のPDCAサイクルを確立することが求められている。その際には，学校内外の人的・物的資源等を活用しながら効果的に組み合わせる

ことが重要になる。

3 2017・2018年改訂の教育課程の特徴

　小・中学校及び高等学校においての主な教育内容の改善事項としては，言語能力の確実な育成，理数教育の充実，伝統や文化に関する教育の充実，体験活動の充実などがあげられる。また，道徳教育の充実のため，「道徳の時間」が「特別の教科　道徳」として教科化された。さらに外国語教育の充実では，小学校高学年で外国語科（年間70時間）が設置され英語が教科となり，従来からの外国語活動（年間35時間）は小学校中学年で実施となった。これらの改訂を受け，中学校外国語科の水準も引き上げられた。年間140時間で「聞くこと」「読むこと」「話すこと」「書くこと」の総合的育成により，コミュニケーション能力の基礎を養うことがあげられている。さらに小学校より，プログラミング教育を含む情報活用能力が必修となった。プログラミング教育は総合的な学習やさまざまな教科と関連させてプログラミング的思考の育成を図るというものである。

　その他の重要事項としては，初等中等教育の一貫した学びの充実である。具体的には，幼稚園・保育所・認定子ども園等との接続性を高めるため，入学当初における生活科を中心としたスタート・カリキュラムの充実や幼小・小中・中高といった学校段階間の円滑な接続や教科等横断的な学習の重視である。中学校では，教育課程外の部活動についても教育課程との関連の留意や社会教育関係団体等との連携による持続可能な運営体制を整えることとしている。高等学校においては，国語科における科目の再編（「現代の国語」「言語文化」「論理国語」「文学国語」「国語表現」「古典探究」）や地理歴史科における科目の再編（「地理総合」「地理探究」「歴史総合」「日本史探究」「世界史探究」）があげられる。また，公民科における「公共」や共通教科「理数」の新設等もあげられる。また，選挙権年齢が18歳以上に引き下げられ，生徒にとって政治や社会が一層身近なものとなるため，社会で求められる資質・能力を生徒に育み，生涯にわたって探究を深める未来の創り手として送り出していくことが求められている。

そのためにも就業体験等を通じた望ましい勤労観，職業観の育成とともに，職業人に求められる倫理観に関する指導，地域や社会の発展を担う職業人を育成するための各教科の教育内容の改善等，職業教育の充実があげられている。

4 学力の振り子論

　学習指導要領の歴史的変遷をみると，その改革の方針が「知識重視」と「経験重視」との間で行き来していることがわかる。「知識重視」は，知識伝達を第一義的なものと考え，教育水準の向上を図ることを重視する立場である。一方の「経験重視」は，子ども自身の学習意欲や自らの生活を改善していこうとする態度を重視し，子どものもっている可能性を引き出すことを目的とした教育活動に重きをおく立場である。

　戦後初期の日本の教育のあり方は，経験主義・児童中心主義カリキュラムを重視したものであり，明らかに振り子が「経験重視」に傾いていた。それに対して，1958年の学習指導要領では「系統主義」へと基本的性格を転換させ，振り子の振れが「経験重視」から「知識重視」へと移動した。そして1990年代以降の改革は，振り子を再び「経験重視」に戻そうとするものであった。しかし「生きる力」を育成する時代となり，学力低下論争を経た改革の振り子は，再び「知識重視」へ向けて動き出している。

　子どもの成長と発達を考えるとき，そこには「知識」も「経験」も重要な要素であることはいうまでもない。両者のバランスが取れた総合的な教育が，子どもたちの豊かな人間形成の源泉となるものといえよう。

参考文献
加藤幸次編『教育課程編成論（第2版）』玉川大学出版部，2011年
原清治編著『学校教育課程論（第2版）』学文社，2011年
田中耕治・水原克敏・三石初雄・西岡加名恵『新しい時代の教育課程』有斐閣，2018年

学びを深めたい人へ

志水宏吉『学力を育てる』岩波新書，2005年
水原克敏『学習指導要領は国民形成の設計書』東北大学出版会，2017年
奈須正裕『「資質・能力」と学びのメカニズム』東洋館出版社，2017年

第 5 章
教育の方法

> 　学校教育においては，教育基本法や学習指導要領に定められている教育目的と教育内容に基づいて，教員が教科書・教材を用いて授業を行う。したがって，学習を指導する教員が，どのような教材を用いて，どういった方法で授業を展開するのかにより，その教育の効果は大きく異なる。そのため，教育現場では学習内容や学習対象に応じて最も適切な教育方法を探り出し，より効果的な授業を追求する必要がある。このように，教員がどのような教育方法で授業をするのかは，子どもの学習効果に直接影響を及ぼすことはもちろんのこと，さらには人格形成にも重要な影響を与えるものといえる。なお，アクティブ・ラーニングによる授業方法の改革を志向する現在において，教育方法の在り方はより注目され，かつさまざまな教育方法を取り入れた学習もより強く求められるだろう。
> 　本章では，教授理論の歴史，教育方法の基本原理，教育方法の類型及びその特質，授業計画と評価，について検討する。

1　教授理論の歴史

　教育方法とは，教授者が教育法規などに設定された教育の目的を実現するために用いる手段のことであり，どのような教育方法を用いるかによって，学習効果は大きく異なってくる。したがって，公教育制度の成立以降，より効果的な教育方法の探求は，いずれの時代においても重要な課題であり続けた。そこでまず，今日の教育方法に影響を及ぼした主要な教授理念を見ていくことにしたい。

1　コメニウスの実物教授

　コメニウス（J. A. Comenius, 1592-1670）は，チェコの教育者で，近代的な公教育としての学校制度を構想した。コメニウスは，『大教授学』で「あらゆる

人に，あらゆる事柄を教授する普遍的な技法を提示する」とし，男女性別を問わず，すべての民衆が平等に教育を受けることを理想とする一斉教授を提起している。

コメニウスによる，世界初の絵入り教科書として有名な『世界図絵』(1658年) は，この世界の基本的な事物を図像と言葉で示すことで，子どもの感覚と理性に訴えようとした教材であった。そこに記されている言葉は，絵の内容と正確に対応しており，視覚を通じた事物のイメージと言語との統一が意図されていた。コメニウスは，知識は書物や講義から学ぶよりも事物を通して学ぶべきだと主張したのである。『世界図絵』(別名：『目に見える世界図絵』) は，「認識はいつも必ず感覚から始まる」と述べた彼の「実物教授」の方法論を具体化したものであった。

2 ルソーの自然主義教育

フランスの啓蒙思想家であるルソー (J. J. Rousseau, 1712-1778) は『エミール』(1762年) のなかで，人間の自然的本性は善であるが社会制度や環境が悪にすると主張した。当時の伝統的な教育観では，子どもの本性は悪と考えられていて，大人がそれを正すために行動様式や学問を強制的に教え込むことにより，子どもを良くするという考えが主流だった。このため，子どもの理解力や興味など，発達段階に即して教育を行うべきと主張したルソーは，「子どもの発見」者といわれている。そうした子ども観を根底に据え，子どもがもつ自然性に即し，大人からの一方的な教え込みを否定する消極教育を提唱した。これは子どもの能動的・自発的活動を重視する教育方法の基礎的理論となっている。

3 ペスタロッチの直観教授法

ルソーに影響を受けたペスタロッチ (J. H. Pestalozzi, 1746-1827) は，人間形成において，知性に加えて心情と身体をも重視し，それら三者の調和的発達をめざし，その方法として子どもの感覚と生活経験を中心とする直観教授を提唱した。この考えは，明治初期の日本において，子どもの自発性を重視し，本来

的にもつ能力を開発することを目的とした「開発教授」という方法論として普及し，教科書の編纂に影響を与えた。「生活が陶冶する」という言葉にも示されているように，彼は生活そのものを基礎に据えて人間としての発達を促す方法論を提唱したのであった。

4 ヘルバルトの段階教授説

近代学校の制度化と普及が始まる19世紀前半のドイツにおいて，学校教育の理論的な土台となる「教育学」を体系化した人物がヘルバルト（J. F. Herbart, 1776-1841）である。ヘルバルトは，教授の過程は認識の過程に即して段階づけられなければならないと考え，人間の認識は，明瞭（対象を明瞭に見る），連合（心に生じた表象を結びつける），系統（連合した表象を秩序づける），方法（秩序づけられた表象を分節化し，応用する）という4段階を経て獲得されるという学習の心理的過程を示し，「四段階教授説」を提唱した。

ヘルバルトの教育理論は，弟子のツィラー（T. Ziller, 1817-1882）とライン（W. Rein, 1847-1929）によって継承され，学校教育に応用できる教育方法のパターンとして提示された。ヘルバルトの教授段階は，ツィラーによって5段階とされ，それをもとにさらにラインは「予備→提示→比較→総括→応用」という「五段階教授説」を展開した。ドイツ国内外の学校でこの「五段階教授説」を用いて授業を構成することが広く試みられ，明治後期以降の日本にも伝わり，当時の授業法に大きな影響を与えた。

5 デューイの進歩主義教育

ヘルバルト主義の教師中心主義的，知識注入主義的な教育方法を批判し，学習者中心，経験中心主義の観点から問題解決学習を提唱したのがデューイ（J. Dewey, 1859-1952）である。彼は，シカゴ大学附属小学校を実験校とし，そこでの実践を『学校と社会』（1899年）にまとめた。個人が自ら学び続けられるように支援することが教育の目的であるとしたデューイは，学校での中心はあくまで子どもであり，他のさまざまな営みはその周縁に置かれるべきである

とした。そして，子どもの生活や興味を学習の中心とし，「なすことによって学ぶ」(learning by doing) という子ども自らの経験を重視し，それぞれの個性や自発性を伸ばすための教育を提唱した。進歩主義教育とよばれるデューイの教育思想は，ドルトン・プラン，プロジェクト・メソッドといった学習者自身が目的・計画・学習・評価の一連の教育活動を行うというオルタナティブな方法論の誕生に影響を与えた。

2　教育方法の基本原理

　教育方法には，教育的な価値や学力についての考え，さらには小・中・高校などの学校段階，教科の特性などに応じて，さまざまな形態があるが，大別すると系統主義と経験主義の2つになる。系統主義と経験主義の教育方法は，第4章で述べたような教育課程と密接に関連している点にも留意する必要がある。

1　系統主義

　系統主義は，教科内容の科学性や系統性を重視する考えに基づき，知識や技能を系統的に順序立てて教授し，的確に習得させることを目指す方法論である。これは，教科中心・教員中心の教育方法ともいわれ，その思想的背景にはヘルバルトの段階教授法がある。

　系統主義の教育方法は，教育課程の編成とも関連しており，第4章で述べた教育課程の類型としては，教科教育課程が最も近い。

　系統主義の教育方法は，短時間で多くの知識や情報を教授することができるという長所がある。しかし，教員主体で授業を進めることから教員の価値注入・知識の詰め込み主義に陥りやすく，児童・生徒の興味や関心・意欲などを引き起こすような，自発的・主体的な学びになりにくい欠点がある。

2　経験主義

　経験主義は，教育課程上は学習者の興味や関心に基づいて学習上の課題を設

定し，教育方法としてはその問題を学習者の自主的・主体的な活動によって問題解決に導くという考えに立脚している。その思想的背景にはデューイの問題解決学習がある。

　問題解決学習は，児童・生徒の生活上の問題意識を解決することを主眼とする方法で，基本的には学習者が解決すべき課題を設定し，既にもっている知識や経験を活用しながら，課題を解決することを通じて，新たな知識，能力，態度を習得・形成させようとする学習法である。

　経験主義の長所は，児童・生徒の興味・関心からスタートするため，学習活動が活発的で効果的になるといった点にある。一方，体系的な知識の習得が困難で，基礎学力の低下を招く，などといった欠点も指摘されている。さらには，子どもに重点を置くあまり，教育に課せられた社会的任務を軽視しがちになるなどの短所も指摘されている。

　戦後の日本の学力観や教育方法は，第4章の「学力の振り子論」に記したように，戦後教育改革期には経験主義の教育が重視され，1958年の学習指導要領の改訂では系統主義の考えに重点が移り，基本的にはこの方針が現在まで引き継がれている。しかし，1998年や2008年の学習指導要領で中心的な理念とされた「生きる力」の育成や，それに基づく「総合的な学習の時間」は，問題解決の考え方にそったものである。

3　学習指導の形態およびその特質

　学校では，学習効果を高めるためにさまざまな形態の授業法が展開されている。ここではそのなかから，一斉授業，グループ学習，個別学習，メディアを利用した授業を取り上げ，それぞれの内容および特質についてみていく。

1　一斉授業

　一斉授業は，一人の教師が，ある特定の学習者集団に対して同一の教育内容を同一の時間内に，同一の場所で一斉に指導することを指す。また，この授業

形態は学校教育のなかで最も多く用いられている。

　この教授の歴史は，産業革命期のイギリスに遡ることができる。それ以前の教授法は，たとえば江戸時代の寺子屋のように，異なる年齢や学習段階の子どもを教員一人が指導する個人教授という形態であり，多くの子どもを一度に指導することはできなかった。18世紀末，ベル（A. Bell, 1753-1832），ランカスター（J. Lancaster, 1778-1838）によって創案されたモニトリアル・システム（助教法）に端を発する。これは，複数の優秀な生徒を助教として抜擢し，他の児童の指導にあたらせる方式であり，一人の教員で大勢の子どもを指導することが可能となり，民衆教育の普及に大きな役割を果たした。しかし，モニターによって実施されるのは，3R's のような単純化・機械化された詰め込み作業に留まり，それ以上の複雑な教育内容は求められなかった。

　1830年代半ば頃に入って，新たな教育方法として一斉教授が誕生した。この方式は，児童・生徒をひとつのクラス（学級）に集合させ，学生全員を前にして教員一人が一度に授業を行うことであり，児童・生徒同士が互いに学び合うことができ，クラスとしての集団形成が可能になった。さらに，19世紀半ばに，新たにギャラリー方式という，階段状にならべられた机から数十人の生徒が教員の方を向いて授業を受ける対面式の方法が誕生した。この方式により，クラスとしての集団形成が可能となり，学年学級制の成立と相まって浸透した。

　日本の近代学校への新しい教授法の導入についてみると，1871年に師範学校（後の東京高等師範学校）教師になったアメリカのスコット（M. M. Scott, 1843-1922）は，アメリカの公教育をモデルとした一斉教授（学級教授）を伝授し，その後徐々に全国各地の学校で普及していった。

　一斉授業の長所は，少ない時間内でより多くの児童・生徒を対象とすることができ，体系的に教育内容を教授することができる点である。短所としては，学習者のやる気や意欲を引き出すことが難しく，受動的な学習態度に陥りやすい，個々の発達に応じた指導が困難，などといった点が指摘できる。

2　グループ学習

　グループ学習は，学級をいくつかのグループや班などに分けて，グループや班ごとに共通の学習目標を達成するための学習形態である。たとえば，アメリカのフィリップス（J.D.Phillips）の「バズ学習」や，アロンソン（E.Aronson）の「ジグソー学習」なども，グループ学習の一種と考えることができる。フィリップスの「バズ学習」とは，グループ学習と討議を組み合わせた学習法で，児童・生徒たちをそれぞれ1グループ6人ごとに分け，グループ内で6分間討議させることから6－6討議法とも呼ばれる。

　以上のようなグループ学習は，少人数で構成された各グループにおいて，児童・生徒同士が気軽に話し合え，積極的な意見交換を行うことによりさまざまな考え方に出会うことができる。さらに，相互に学び合い，相互に影響を及ぼし合うことで，教師中心の画一主義的指導の欠点を補うメリットもある。一方，グループ内にある積極性をもつ特定人物の活躍や引率に依存しやすく，各自の考え方を十分に発揮することができないというデメリットもある。

3　個別学習

　個別学習は，一人ひとりの学力や興味，関心など各自のペースに応じた学習を個別的に進めていくことをいう。アメリカのスキナー（B. F. Skinner, 1904-1990）による「プログラム学習」も，個別学習の方法の一種である。「プログラム学習」とは，学習者に学習のプログラムを示し，それに従って一人ひとりが，その能力差，個人差に応じてそれぞれの早さで，あるいはそれぞれ異なった過程を踏みながら学習していく教育方法である。

　個別学習の長所は，教員は児童・生徒の学習内容についての理解度を的確に把握することができ，さらには学習者に対する適切なアドバイスを与えることができる他，一人ひとりの実情や個性に応じたきめ細かい指導を行うことが可能になる。

4 コンピュータ，インターネットを利用した授業

　21世紀は情報化，ICT（Information and Communication Technology）時代といわれるなか，学校の授業においてもコンピュータをはじめとする情報機器を積極的に取り入れる教育活動を増やし，授業効果をより一層高めることが期待されている。

　2017年の中学校学習指導要領の総則には，まず各学校においてコンピュータや情報通信ネットワークなどの，情報手段を活用するための「必要な環境」を整える必要性が記されている。さらに指導にあたっては「各種統計資料や新聞，視聴覚教材や教育機器などの教材・教具の適切な活用」をすることが求められた。また，中学校学習指導要領解説総則編では，「これらの教材・教具を有効，適切に活用するためには，教師は機器の操作等に習熟するだけでなく，それぞれの教材，教具の特性を理解し，指導の効果を高める方法について絶えず研究することが求められる」と説明されている。このように，情報技術を「手段」として位置づけ，学習活動にとどまらず日常的活用することができるよう，授業のなかでICTを効果的に活用し，指導方法の改善を図っていくことが求められている。

　学校においては，手書きができ，かつその場で編集可能な電子黒板や，紙の教科書にかわるデジタル教材も普及しつつある。教員はそうした情報機器を活用して教育効果を高めるため，授業で用いる資料を収集するとともに，活用の場面や活用法を立案し，創意工夫した教材を作成することが必要になる。しかし，一方ではスマートフォンやSNSによるいじめ問題の深刻化と多様化が生じており，児童・生徒が情報機器を使用するうえでの，ネット犯罪の予防や情報発信の際のマナーなど，情報モラルに関する指導も重要である。

4　授業の計画・実践と評価

　授業は，「計画」と「実践」そして，「評価」の3段階によって構成されている。ここでは，上述の3段階について考えてみる。

1 授業の計画と実践

1）授業の計画

　授業の計画は，後に展開される授業内容を予想するひとつの見通しとして示された全体的な学習指導の計画である。教員は，事前に用意した授業の計画に基づいて授業を展開するが，年間を通しての長期的学習計画もあれば，学期や月・週ごとに作成した短期的授業計画もある。このように，授業計画は，授業を行う際に用いる教材（教科書）・教具による授業効果を想定して授業形態と時間配分等を総合的に判断して，前もって作成することになる。なお，学校において教員が作成する１時間程度の授業の計画を，一般に学習指導案という。

2）授業の実践

　授業の実践は，事前に準備した授業計画に従って進む場合がほとんどである。たとえば，１時間を単位とする授業を実施する場合，一般的には，① 導入，② 展開，③ まとめ，の３段階によって行われる。第１の導入段階では，児童・生徒に本時のテーマや課題などを提示するとともに，既習の知識内容を確認させ，学習活動への関心や意欲を高めるような工夫が必要となる。第２の展開段階は，教員と児童・生徒がともに参加し，当該授業の課題について探求していく過程である。このため，教員による説明の時間と児童・生徒の主体的な学習活動時間のバランスの確保が重要である。ほかにも，授業の実践における板書の工夫や時間配分の調整にも工夫が求められる。最後のまとめ段階では，本時の学習内容を再確認したり，学習の理解度を評価したり，さらには次の授業へと展開するような指導が求められる。

2 教育評価（授業評価）

　授業の計画を立てて実践した後，その授業計画と実践による成否を振り返り，授業の改善を図ることが，教員の教育技術の向上を図るうえで重要である。
　教育評価は，「評価主体者が何らかの教育上の目的をもって，何らかの対象に関するデータを収集し，それを一定の基準に照らして解釈する過程」であり，教育評価の主体者は必ずしも教員だけに限られない。

また，評価方法については，評価の基準をどこに求めるかにより，相対評価・絶対評価・個人内評価の3つの方法がある。

1）相対評価（集団に準拠した評価）

　相対評価は，学年や学級などの集団における他のメンバーと比較することによって，その相対的な位置を明らかにし，全体のなかでの個の位置を評価する方法である。このように，相対評価の考え方は「集団の絶対数が多くなればなるほど，その成績の分布はおよそ正規分布に近づく」という統計学の理論を基本とするものであり，児童・生徒の学業成績を評価する方法のひとつとして，1948年に小学校・中学校・高等学校に5段階相対評価が導入された。具体的には，5段階評定で評定「5」が上位7％，「4」が24％，「3」が38％，「2」が24％，「1」が下位7％を目安とした割合で評価するものである。

　相対評価による評価方法の長所は，一定の集団内における個人の学力の位置を客観的に把握し，示すことができるほか，児童・生徒の競争意識をもたせることに一定の効果がある。一方，これは個人が所属する集団内での評価であって，各自の能力の把握や本来の学力を評価したものとはいえないため，合理性を欠く場合もある。また，児童・生徒は集団内における他者との成績を比較することで必要以上の競争心が生まれるなど，児童・生徒の学力向上や教員の授業改善に結びつけにくい欠点がある。

2）絶対評価（学習目標に準拠した評価）

　一方，絶対評価は，あらかじめ一定の学習目標を設定し，それに対してどの程度達成したのかを判断して評価する方法である。そのため，集団のなかでの他の児童・生徒の成績を考慮せず，あくまでも本人の成績そのものだけで評価するものである。たとえば，人数に限定を設けず，試験の成績が90点以上は評定「5」，89点から80点は「4」，79点から60点は「3」というように評価するものである。

　絶対評価は，児童・生徒の個々の教育目標の達成度を図るもので，個人にとっては，やる気や意欲などの動機づけや学習目標を明確にすることができるとともに，フィートバックをして将来の学習改善につなげることができるとい

う長所がある。しかし，絶対評価は，あくまでも個人ごとに設定された学習目標の到達度を示すもので，集団内での成績順位が不明確で，教師の適切な指導に欠ける場合がある。

3）個人内評価

　個人内評価とは，児童・生徒のよい点や可能性，進歩の状況などを評価することであり，他との比較ではなく，一人ひとりの子どもの個性を発達的，構造的にとらえるための評価方法である。たとえば，児童・生徒の過去の状況と現在の到達点を比較し，その進歩を評価するなど，ある特定の期間や時期における成長を個人内部で比較して評価するものである。

　個人内評価は，児童・生徒ごとの得意教科・不得意教科を判断することができるほか，児童・生徒自身もどの部分に力を入れて学習すればさらに成長できる可能性があるかを自覚することができる。しかし，自分以外の他の児童・生徒の学習状況を測定することができないという欠点がある。

参考文献
細谷俊夫『教育方法（第3版）』岩波書店，1983年
橋本太朗編『現代教育基礎論』酒井書店，2010年
汐見稔幸・伊東毅・高田文子・東宏行・増田修治編『よくわかる教育原理』ミネルヴァ書房，2011年
佐々木正治編『新中等教育原理』福村出版，2013年

学びを深めたい人へ
佐藤学『教育方法学』岩波書店，1996年
平沢茂『教育の方法と技術』図書文化社，2006年

第6章
道徳教育

　道徳とは，外的強制力を伴う法や社会的規則とともに，一人の個人が自然・自発的に働く心のありようでもある。そしてそれは，個人のそれまでの生活習慣や他者との係わり合いにおける原則を整備したものといえる。それゆえに，時代や民族，社会，国家によって，その「正しさ」が異なる。しかし，人間は「理性」を有するがゆえに，みな平等であるというコスモポリタニズムの思想も存在する。つまり，民族や宗教などの違いを超えて，共通的あるいは普遍的ともいえる人間性の承認，法秩序，道徳の構築を目指すことも不可能ではないはずである。このように人間のあり方に共通性が存在することを前提とするならば，道徳や道徳教育を考えるに先立って人間とはいかなる存在であるかを確認しておく必要があるだろう。

　以上のように道徳は歴史的・社会的な構築物としての側面と，普遍的な人間固有の原理としての側面という，二面性をもつといえる。しかし，道徳は家庭や社会で個人が自覚的に自らの責任において備えるべきものでもある。そうした場合，学校で道徳教育を行う意義や範囲はどのようなものであるかという問題が生じてくる。この点を考えるためには，その時代ごとの社会的背景や課題を反映した学習指導要領で，道徳教育のありようは実際どのように規定されているのか探っていく必要があるだろう。

　本章では，まず道徳教育の意義について，人間存在の定義というレベルから考察する。次いで道徳教育をめぐる日本の教育の歴史と現在の道徳教育の状況を概観する。さらに日本の道徳教育の特徴をより明確にするために，学習指導要領や生徒指導提要からその概要を確認する。そして最後に今後の道徳教育の課題について考えてみたい。

1　道徳教育とは

　18世紀のヨーロッパにおいて，自然科学の発達は，社会の中心的価値観であった宗教的道徳を疑問視し，人間個人の道徳性の根源を問い直す契機となった。たとえば，イギリスの哲学者ヒューム（D. Hume, 1711-1776）は，自由で感性的な人間は，自然性もあわせもちながら，他者と共存していこうとする

述べ，こうした「意思的主体」としての存在が人間の「本性」であると唱えた。つまり，人間にはエゴイズムという自然な感情があることを認めたうえで，社会的利益を維持する社会共通の利害についての一般的な感覚と調和しうることが，人間社会における道徳的評価であると考えたのである。近代社会における社会道徳観の形成は，個人と社会の利害を主体的に調整するという意識によってもたらされたものであった。道徳教育が社会的に求められる理由はこの点にある。

　つまり，近代化を経た現代社会の道徳教育には，社会規範を一人ひとりの意識のなかに内面化させ，実際の行動にまで高める教育が求められているといえる。特に，この社会規範としての道徳は，個人によって自主的に選択され，実行されてはじめて意味をもつという観点が重要であり，道徳教育もまた子どもたちの心のなかに自主的，主体的に価値を選び取る力を育てることが，その中心目標とならなければならない。その意味からすれば，道徳教育は国家や社会からの押し付けの教育になってはならない。

　このような道徳教育の実現のためには，集団的な規律と個人の間にある問題を整理することが重要になってくる。具体的には，社会的に公認された理念，通念，価値，さらには日本国憲法によって保障されている個人の信条の自由との間にはらむ問題を乗り越えなければならない。集団と個人，社会的理念と個人的信条の自由という別々の契機を内に含んで成立している道徳が，矛盾することなく成立し得るのは，個人の内面で両者が高度に統合されている場合に限られる。そのような統合は，個々人が外在的な規律や価値を主体的に選択し，自己のなかに内面化されなければ実現しえないからである。道徳教育の目指すべき地点はここであろう。

　教育基本法第1条には，「教育は，人格の完成を目指し，平和で民主的な国家及び社会の形成者として必要な資質を備えた心身ともに健康な国民の育成を期して行われなければならない」とされ，教育の目的が「人格の完成」にあることを規定している。道徳教育は，この「人格の完成」に深く関わるものである。昨今の家庭における教育力の低下や，特に都市部における少子高齢化は地

域社会の崩壊を招き，学校の果たすべき道徳教育の役割をますます重要なものにしている。すなわち，日本にあって学校が中心となって進めていかなければならない道徳教育の目標の柱とは，教育基本法第1条の「平和で民主的な国家及び社会の形成者」を育成することなのである。

2　近代日本における道徳教育

　明治維新の改革は，富国強兵と同様の意を有する欧化主義に即する社会的諸制度の改革であったが，同時に国民個々の精神の改革も必要とした。なぜならば，統一的な国民教育の整備が国民国家確立のための最大の課題であったからである。その国民精神形成の役割を担ったのが，学校という新しい社会的装置であった。学校では富国強兵や殖産興業を達成するために，欧米の近代科学に基づく知識を修得することが求められ，かつその一方で「修身」という教科教育を通して道徳教育（徳育）が重視されるようになった。

　日本における道徳および道徳教育のあり方は，明治天皇を中心にして制度化されていく。明治天皇の側近であった元田永孚は天皇の意を受けて「教学聖旨」を起草した。教学聖旨は，本文の「教学大旨」と初等教育について言及した「小学条目二件」の2部からなり，「仁義忠孝」の徳性涵養を「知識才芸」の育成よりも第一義とする伝統的な教学観に立つものであった。ここには，学制下の道徳教育が根本的に批判され，欧化主義的な教育方針から儒教主義に基づく徳育重視の方針へと転換させようとする意図がみられる。このような儒教的教育への転換に対して，当時の開明派勢力のリーダーであった伊藤博文は，井上毅に起草させた「教育議」を明治天皇に上奏して，儒教をもって国教とするような政策は政府がとるべき態度ではないと反論した。この論争にみるように，当時，日本の道徳および道徳教育をいずれの価値観によってその基礎とするかは，混迷状況にあった。こうした混乱を受けて，地方の府県を統括していた知事たちは，1889年2月の地方官会議において，「我国固有ノ倫理」にもとづく国家主義道徳の育成を強く求め，「徳育涵養ノ義ニ付建議」を内閣総理大

臣と文部大臣に提出した。これが契機となり，やがて明治天皇は，文部大臣に対し，徳育の基礎となる教育の根本を編纂すべく指示し，1890年10月30日，「教育ニ関スル勅語」（教育勅語）が発布されるに至ったのである。

　教育勅語では，日本国民としてあるべき「臣民」像に近づくことを学習目標として設定し，系統的に学習する徳目主義が採用されている。すなわち，万世一系の天皇を価値体系の中心として，そこから父母への「孝」や兄弟同士の「友」といった個人道徳，「公益ヲ広メ世務ヲ開キ」といった社会道徳，さらに「国憲ヲ重シ国法ニ遵ヒ一旦緩急アレハ義勇公ニ奉シ」といった国家道徳に至るまですべての道徳が関連づけられている。天皇は「親」であり，臣民としての国民はその「子」である。勅語をよりどころにした道徳教育は，このように国家を家族になぞらえることで，いわば血縁的団結によって国民の結束を図ろうとしたのであった。

　教育勅語の発布以後，道徳教育を用いた国家による国民の教化はさまざまな方面で具現化されていく。なかでも修身教科書の国定化（1903年）は，その最たるものである。国定化は，最初，修身および国体に関わる教科としての歴史・地理・国語の4つの限られたものであったが，やがて全教科に拡大された。教学聖旨にはじまり，教育勅語の発布を頂点とする国民の思想統制を目的とした道徳教育強化の一連の動きは教科書国定化をもって，一応の完結をみる。このように教育勅語によって具体化された国家主義的な日本の道徳教育の方針は，大正デモクラシー期においても基本的には揺るがず，さらに昭和に入ると軍国主義的道徳教育へと先鋭化していくと解されている。

3　戦後の道徳教育改革とその展開

　1945年8月14日，日本はポツダム宣言を受諾し，敗戦を迎えた。文部省は戦時教育令の廃止を決定後，9月15日に「新日本建設ノ教育方針」を公表する。敗戦後の新教育方針を打ち出し，教科書の改訂やその他の諸措置に文部省は乗り出したが，決して，天皇を国家秩序の中心とする国体護持の立場を崩すもの

ではなかった。国体は維持しつつ，国家主義にかえて民主主義の精神を柱とした改革に着陸させようとしていたのである。この時，文部省が着想したことは，公民教育の振興であった。同年11月に，公民教育刷新委員会を設置し，有識者に道徳教育の改革について検討させている。この道徳改革において，文部省が志向したのは，国体護持のために教育勅語を擁護しながら，そのうえで修身の欠陥を補うための公民科を設置するという構想であった。しかし，そのような動きと同時に，GHQ/SCAPは，日本の教育から彼らが考える軍国主義的，超国家主義的要素を排除することを企図した。とりわけ，1945年の四大教育指令は，日本の新教育計画と根本的に対立するものであった。その指令のなかで，12月31日に出された「修身，日本歴史及ビ地理停止ニ関スル件」は，それまでの日本の道徳教育（修身教育）を完全に否定するものであった。こうした要請を受け，1946年10月には，『国民学校公民教師用書』のなかで，それまでの修身教育がいかに他律的で画一的な行動しかとれない人間をつくったかと明確に批判し，修身教育からの決別をはかろうとした。だが，この公民科構想も結局実現せず，道徳教育・公民教育は新設の社会科の内容のなかに溶けこむことになるのである。

　文部省の方針に変化をもたらしたものは，1946年11月3日に公布された日本国憲法であり，この憲法の精神に則って翌年3月31日に制定された教育基本法（以下，旧教基法）の存在であった。旧教基法で規定された「人格の完成」を目指す国民の育成を教育の目的とする近代ヒューマニズムによる戦後道徳教育は，民主教育の担い手として登場した社会科を中核として，学校の全教育活動（全面主義）で実践されることになっていくのである。

　だが，戦後民主改革の象徴であった全面主義の道徳教育は，アメリカ合衆国とソヴィエト連邦をそれぞれのリーダーとする東西両世界の冷戦が構造化されるに及んで，見直しの圧力が重ねられていく。それは，国内政治においても，保守派勢力が政権を確立していく過程で愛国心の高揚と国民道徳の刷新を強調することで道徳教育の見直しを主張し，ついには1958年4月に，文部省は特設「道徳の時間」を設定した。教育勅語の発布以来，道徳教育の振興が常になん

らかの政治的要因とからみあってきている日本の道徳の歴史を振り返ると，道徳教育に関する論争は，ともすれば政治性がきわだち，純然たる徳育論や教育課程論を展開するにはいたらず，多くの課題を内包しながら今日まで至っていることに気づくのである。

4 現代の道徳教育

　2006年12月22日に，教育の根本法である教育基本法が改正された。新教育基本法では，その第2条で「幅広い知識と教養を身に付け，真理を求める態度を養い，豊かな情操と道徳心を培うとともに，健やかな身体を養うこと」を目標としてかかげ，道徳教育を重視していることが理解できる。一方で，その第5項で「伝統と文化を尊重し，それらをはぐくんできた我が国と郷土を愛するとともに，他国を尊重し，国際社会の平和と発展に寄与する態度」を養うべきと規定された。この規定については，賛否がわかれる大きな議論となった。新教育基本法では，公共的観点からの道徳心の醸成というものが重視されたといえる。

　中学校学習指導要領（2017年3月告示）の第1章総則・第1「中学校教育の基本と教育課程の役割」では，「学校における道徳教育は，特別の教科である道徳（以下「道徳科」という。）を要として学校の教育活動全体を通じて行うものであり」「教育基本法及び学校教育法に定められた教育の根本精神に基づき，人間としての生き方を考え，主体的な判断の下に行動し，自立した人間として他者と共によりよく生きるための基盤となる道徳性を養うことを目標とする」と記されている。この内容は，道徳教育の改革が学習指導要領の改訂よりも先行したために，前回学習指導要領と変わっていない。具体的には，平和で民主的な国家及び社会の形成者として未来を拓くことに留意し，主体性ある日本人を育成するために，道徳教育では，道徳的な心情，判断力，実践意欲と態度などを「考え」「議論する」力を有した道徳性を養うことが求められている。なお，小学校における道徳教育は「自己の生き方」を考えることを基本としてお

り，中学校において「人間としての生き方」を鍛えることの前に，各児童・生徒の自己肯定観を育むことが義務教育全体で求められていることが読み取れる。

学校における道徳教育を一層充実させるために，小・中学校の学習指導要領は2015年に一部改正されたが，それ以前の学習指導要領（1998年度版）で掲げられていた「生きる力」という教育の理念も，維持されていることは重要な点であろう。この「生きる力」とは，次代を担う子どもたちが豊かに力強く生きていくために必要な要素として，知識や技能の習得とともに，思考力・判断力・表現力などの総合的な育成を目指そうとするものである。また，これらの観点と並んで，「学びに向かう力，人間性等を涵養すること」が，生きる力を育成するうえでの新たな観点として学習指導要領に加えられたことは見逃すことができない。

総則・第2の「教育課程の編成」で「小学校学習指導要領を踏まえ，小学校教育までの学習の成果が中学校教育に円滑に接続され，義務教育段階の終わりまでに育成することを目指す資質・能力を，生徒が確実に身に付けることができるよう工夫すること」と規定されていることは，学校教育で求められる道徳教育が校種ごとで各個独立したものではなく，初等教育から中等教育まで接続が求められていることを意味している。

中学校学習指導要領で求めている道徳教育の目標と，取り扱う内容を以下の表にまとめた。

図表6.1　中学校学習指導要領における道徳科の目標と内容

【道徳科の目標】	
よりよく生きるための基盤となる道徳性を養うため，道徳的価値についての理解を基に，自己を見つめ，物事を広い視野から多面的・多角的に考え，人間としての生き方についての考えを深める学習を通して，道徳的な判断力，心情，実践意欲と態度を育てる。	
【道徳科で取り扱う内容】	
A．主として自分自身に関すること	
自律の精神を重んじ，自主的に考え，判断し，誠実に実行してその結果に責任をもつこと。	自主，自律，自由と責任

望ましい生活習慣を身に付け，心身の健康の増進を図り，節度を守り節制に心掛け，安全で調和のある生活をすること。	節度，節制
自己を見つめ，自己の向上を図るとともに，個性を伸ばして充実した生き方を追求すること。	向上心，個性の伸長
より高い目標を設定し，その達成を目指し，希望と勇気をもち，困難や失敗を乗り越えて着実にやり遂げること。	希望と勇気，克己と強い意志
真実を大切にし，真理を探究して新しいものを生み出そうと努めること。	真理の探究，創造
B．主として人との関わりに関すること	
思いやりの心をもって人と接するとともに，家族などの支えや多くの人々の善意により日々の生活や現在の自分があることに感謝し，進んでそれに応え，人間愛の精神を深めること。	思いやり，感謝
礼儀の意義を理解し，時と場に応じた適切な言動をとること。	礼儀
友情の尊さを理解して心から信頼できる友達をもち，互いに励まし合い，高め合うとともに，異性についての理解を深め，悩みや葛藤も経験しながら人間関係を深めていくこと。	友情，信頼
自分の考えや意見を相手に伝えるとともに，それぞれの個性や立場を尊重し，いろいろなものの見方や考え方があることを理解し，寛容の心をもって謙虚に他に学び，自らを高めていくこと。	相互理解，寛容
C．主として集団や社会との関わりに関すること	
法やきまりの意義を理解し，それらを進んで守るとともに，そのよりよい在り方について考え，自他の権利を大切にし，義務を果たして，規律ある安定した社会の実現に努めること。	遵法精神，公徳心
正義と公正さを重んじ，誰に対しても公平に接し，差別や偏見のない社会の実現に努めること。	公正，公平，社会正義
社会参画の意識と社会連帯の自覚を高め，公共の精神をもってよりよい社会の実現に努めること。	社会参画，公共の精神
勤労の尊さや意義を理解し，将来の生き方について考えを深め，勤労を通じて社会に貢献すること。	勤労
父母，祖父母を敬愛し，家族の一員としての自覚をもって充実した家庭生活を築くこと。	家族愛，家庭生活の充実
教師や学校の人々を敬愛し，学級や学校の一員としての自覚をもち，協力し合ってよりよい校風をつくるとともに，様々な集団の意義や集団の中での自分の役割と責任を自覚して集団生活	よりよい学校生活，集団生活の充実

の充実に努めること。	
郷土の伝統と文化を大切にし，社会に尽くした先人や高齢者に尊敬の念を深め，地域社会の一員としての自覚をもって郷土を愛し，進んで郷土の発展に努めること。	郷土の伝統と文化の尊重，郷土を愛する態度
優れた伝統の継承と新しい文化の創造に貢献するとともに，日本人としての自覚をもって国を愛し，国家及び社会の形成者として，その発展に努めること。	我が国の伝統と文化の尊重，国を愛する態度
世界の中の日本人としての自覚をもち，他国を尊重し，国際的視野に立って，世界の平和と人類の発展に寄与すること。	国際理解，国際貢献
D．主として生命や自然，崇高なものとの関わりに関すること	
生命の尊さについて，その連続性や有限性なども含めて理解し，かけがえのない生命を尊重すること。	生命の尊さ
自然の崇高さを知り，自然環境を大切にすることの意義を理解し，進んで自然の愛護に努めること。	自然愛護
美しいものや気高いものに感動する心をもち，人間の力を超えたものに対する畏敬の念を深めること。	感動，畏敬の念
人間には自らの弱さや醜さを克服する強さや気高く生きようとする心があることを理解し，人間として生きることに喜びを見いだすこと。	よりよく生きる喜び

出所）中学校学習指導要領「第3章　特別の教科　道徳」pp.154-156

　なお，学習指導要領では留意点として，「人間尊重の精神と生命に対する畏敬の念を家庭，学校，その他社会における具体的な生活の中に生かし，豊かな心をもち，伝統と文化を尊重し，それらを育んできた我が国と郷土を愛し，個性豊かな文化の創造を図るとともに，平和で民主的な国家及び社会の形成者として，公共の精神を尊び，社会及び国家の発展に努め，他国を尊重し，国際社会の平和と発展や環境の保全に貢献し未来を拓ひらく主体性のある日本人」を育てるような道徳教育を求めている。

　小学校・中学校の学習指導要領に続き，特別支援学校の学習指導要領が2017年4月に改訂された。道徳教育に関する指導計画の作成等にあたって，配慮事項への留意を求められている点が，特別支援学校における道徳教育の特徴である。例えば，中学部の要領では一章独立して，「児童又は生徒の障害による学

習上又は生活上の困難を改善・克服して，強く生きようとする意欲を高め，明るい生活態度を養うとともに，健全な人生観の育成を図る必要があること」などを取り扱うことを求めている。しかし，特別支援学校で掲げられている教育の目的や目標は，小学校・中学校の学習指導要領で掲げられているものと変わりがないことは言うまでもない。

5　道徳教育の実際

　学校での道徳教育を効果的に進めるためには，各学校における道徳教育の目標に基づいて，充実した指導体制による計画的な取り組みが不可欠である。学習指導要領では，校長が各学校の道徳教育の方針を明確に示すとともに，道徳教育の推進を主に担当する「道徳教育推進教師」を中心として，全教師が協力して道徳教育を展開することを求めている。

　特に，2008年の学習指導要領の改訂で新たに置かれた道徳教育推進教師には，①道徳教育の指導計画の作成に関すること，②全教育活動における道徳教育の推進・充実に関すること，③道徳科の充実と指導体制に関すること，④道徳用教材の整備・充実・活用に関すること，⑤道徳教育の情報提供や情報交換に関すること，⑥道徳科の授業公開など家庭や地域社会との連携に関すること，⑦道徳教育の研修の充実に関すること，⑧道徳教育における評価に関すること，などの役割が求められている。

　各学校が教育活動全体を通して，道徳教育の目標を達成するための方策を総合的に示した教育計画が，道徳教育の全体計画である。全体計画では，学校の設定する道徳教育の基本方針に基づいて，特に工夫して留意すべき点，また各教育活動がどのような役割を分担し，家庭や地域社会といかに連携を図っていくのかを総合的に示すことが必要である。

　全体計画の作成にあたっては，①校長の明確な方針の下に道徳教育推進教師を中心として全教師の協力・指導体制を整える，②道徳教育や道徳科の特質を理解し，教師の意識の高揚を図る，③各学校の特色を生かして重点的な

道徳教育が展開できるようにする，④学校の教育活動全体を通じた道徳教育の相互の関連性を明確にする，⑤家庭や地域社会，学校間交流，関係諸機関などとの連携に努める，⑥計画の実施および評価・改善のための体制を確立する，ことなどに留意する必要がある。

例えば，『中学校学習指導要領解説　特別の教科道徳編』（2017年7月）では，道徳教育の全体計画に基づき，道徳科の年間指導計画の作成に関してとくに解説している。その年間指導計画作成の意義は，①生徒・学校および地域の実態に応じて，年間にわたり，また3年間を見通した重点的な指導や内容項目間の関連を図った指導を可能にする，②個々の学級の生徒の実態に合わせて，年間指導計画における主題の構想を具体化し，学習指導要領を具体的に考える際のよりどころとなる，③授業前に指導方法を検討したり，情報を交換したり，授業を実際に参観し合ったりするときの基本的な情報として生かすことができる，ことの3点だと指摘している。

教員が授業を行うにあたっては，学習指導案の準備が求められてくる。学習指導案には，定まった形式や基準はないが，教員はすでに学校全体で作成された道徳教育の全体計画を念頭に，各教科や総合的な学習の時間及び特別活動を相互に関連させながら，授業の構想を計画しなければならない。もちろん，児童・生徒の生活上の実態や教員自身の教育観もあわせて指導上の考慮に入れなければならない。指導案の作成の際に求められる内容は，次にあげるような項目観点であろう。(1)主題名，(2)ねらいと教材，(3)主題設定の理由，(4)学習指導過程，(5)評価の在り方や板書計画など，である。

一度の授業で，児童生徒が道徳的に変容することは難しく，長期的な視点で児童生徒の成長をみつめていく授業を考えていかなければならない。しかし，1単位時間でも授業を展開する以上，その活動で教員が伝えたい教育的意図や価値は存在し，児童生徒もまたその成長において獲得する課題があるはずである。両者の相互作用が授業の結果であるならば，そこには振り返り，つまり「評価」が求められてくる。道徳教育の実際を検討する本節では，最後に学習評価という観点を整理していく。

結論を先に述べれば，特別の教科である道徳教育に，具体的な数値評価や判断基準の設計が課されることはない。中学校学習指導要領では，「生徒の学習状況や道徳性に係る成長の様子を継続的に把握し，指導に生かすよう努める必要がある。ただし，数値などによる評価は行わないものとする」としているが，重要な部分は後段の数値評価の否定という箇所である。個々の人格の特性を，数値によって表現するということが可能であるだろうか。道徳的諸価値を学びながら，自己や他者，社会について肯定観を獲得し，人間としての生き方について考えを深めていく，その成長のプロセスを教師と児童・生徒が互いに共感する活動が，道徳教育において何よりも重要とされるのではないだろうか。その成長や視野の広がりは，個人によっても異なるだろう。だからこそ，他の児童・生徒との比較による評価ではなく，形成的な成長過程を積極的に認め励ます記述式の個人内評価が，道徳科における評価として求められてくるのである。もちろん，これが入試などにおいて合否の検討材料として活用されることは避けられなければならない。

　道徳科の免許を有している教員は存在せず，また数値的評価が下されることがない以上，その道徳性の評価は，教員の特定の価値判断に基づくのではなく，妥当的で信頼ある公平性を有さなければならない。だからこそ，学校として校長及び道徳教育推進教師が中心となり，学校全体で組織的・計画的に評価のあり方を示し，改善し続けていくことが求められる。普通学級で通常に学習活動を行うことができる児童・生徒だけではなく，発達障害等のある児童・生徒や海外から帰国した児童・生徒，日本語習得に困難のある児童・生徒などへの，道徳科における評価の実施でも，道徳教育が求める原則を変えてはならない。しかし，これらの場合では学習の過程上の困難さが存在することが予想され，配慮と指導の工夫に取り組むことが必要である。いずれにしても重要なことは，一人ひとりの児童・生徒が道徳性を獲得していく成長過程を励まし支えることが，道徳科のみで求められる教育活動なのではなく，教員の本務そのものであると認識しておくことではないだろうか。

6 道徳教育の課題

　2011年3月11日に発生した東日本大震災の被害は甚大であった。この震災の経験を経て、道徳教育で何を子どもたちに伝えていくのかという主題に「防災」教育が加わった。今後の防災教育のあり方の基本となる閣議決定「学校安全推進基本計画」では、今後、防災教育を通して子どもたちに「事件・事故災害に対し、自ら危険を予測し、回避するためには、知識とともに、習得した知識に基いて的確に判断し、迅速な行動をとることができる力を身に付けることが必要である。（中略）その上で、家族、地域、社会全体の安全を考え、安全な社会づくりを目指すことが必要である」と指摘している。防災リテラシーの形成は、社会における自立の態度、社会への帰属意識、社会貢献を果たす創造性の醸成につながる。このような防災教育の意図を十分に達成するためには、道徳教育を中心として、各教科、特別活動をそれぞれ、児童・生徒の成長発達段階に応じて、有機的に連携させていくことが求められるだろう。

　このように道徳教育に期待される内容がますます拡大していくなかで、道徳教育が教科化を果たすこととなったのである。それまで、道徳教育は道徳教育推進教師を置きながらも、学校教育全体を通して、各教師・各教科が相互に協力しあい展開を図っていくべきものと考えられてきた。決して、道徳は独立した教科ではなかった。また、学校や教師によって指導の格差が大きいと指摘され続けてきたのは、むしろ教育内容や価値観の多様性という道徳教育ならではの特徴が重視されてきたからであろう。しかし、2011年の滋賀県大津市いじめ自殺事件が契機となり、道徳教育の教科化が導かれることとなった。

　道徳教育の教科化への経緯に関する賛否は識者によっても分かれるところであるが、しかしいずれにせよ、多様な価値観がますます広がっていくであろうこれからの社会だからこそ、道徳教育に期待される役割は大きい。道徳教育の教科化という大きな転換が、あらゆる児童生徒の心の成長により誠実に、より真剣に向き合っていくことができる学校作りに資するものになるよう、さらなる取り組みの工夫が必要である。生徒指導に関する教職員向けの基本書となる

「生徒指導提要」（2010年3月）でも、「道徳教育は、児童生徒の道徳的心情、判断力、実践意欲や態度などの道徳性の育成を直接的なねらいとしているのに対して、生徒指導は、児童生徒一人一人の日常的な生活場面における具体的な問題について指導する場合が多くなり（中略）両者の性格や機能は異なっていますが、両者には密接な関係があります。（中略）道徳教育で培われた道徳性や道徳的実践力を、生きる力として日常の生活場面に具現できるように援助することが生徒指導の働きです」とその重要性を説いている。生徒指導提要で個別の課題として具体的に例示している「喫煙、飲酒、薬物乱用」「少年非行」「暴力行為」「いじめ」「インターネット・携帯電話にかかわる課題」「性に関する課題」「命の教育と自殺の防止」「児童虐待への対応」「家出」「不登校」などは、まさに道徳教育の領域で取り扱うこともできる内容であろう。

　道徳教育は特別の教科である道徳科のみによって完成するものではない。学校教育のさまざまな場面で道徳性の重要性を認識する人格形成の機会はみられ、また教員のみではなく、児童・生徒にかかわるあらゆる関係者が皆で協力してその成長を支えていかなければならない。加えて個人の道徳性は、完全な個人の自由な意思によって発露されることが保障されなければならないし、ましてや決して誰かに強制されるものでも、拘束されるべきものでもない。だからこそ、児童・生徒の学習状況や道徳性に係る成長の様子を常に把握しておくことができるよう、教師は努め続けることが求められるのである。

参考文献

徳永正直・堤正史・宮嶋秀光・林泰成・榊原志保『道徳教育論―対話による対話への教育』ナカニシヤ出版、2003年
柴田義松編『道徳の指導　改訂版』学文社、2009年
文部科学省『生徒指導提要』2010年

学びを深めたい人へ

仲新『日本現代教育史』第一法規、1969年
貝塚茂樹『道徳教育の教科書』学術出版会、2009年

安彦忠彦・梅本大介「学校における今後の道徳教育の在り方―道徳の時間の教科化をめぐって」神奈川大学教職課程研究室『神奈川大学　心理・教育研究論集』第42号，2017年，pp.7-17

第7章
特別活動

　学級・ホームルーム活動，生徒会活動，運動会や修学旅行などの教科外の教育活動は，特別活動と呼ばれる教育活動にあたる。これらの教科外の領域は，教科教育と並び，学校教育の教育課程を構成する重要な柱のひとつとなっている。私たち一人ひとりは，さまざまな集団や社会の一員であり，他者との関わりは欠かせないものである。社会でより良く生きるために，人間関係形成，社会参画，その中での自己実現に向けての資質・能力を，特別活動を通して獲得していく。
　本章では，特別活動の教育的意義や各活動の目標，実際の活動などを中心に基礎的な理論を理解することを目指す。はじめに，特別活動の意義・特質・活動内容を確認する。そして，特別活動の学習指導要領における変遷を振り返りながら，2017年改訂の指導要領の特徴を検討する。最後に，汎用的な力の育成，キャリア教育に関して，今後の特別活動に期待されている役割を考えていきたい。

1　特別活動とは

1　特別活動の意義・目標

　学校生活における児童会・生徒会活動，学級・ホームルーム活動，遠足，修学旅行，運動会，文化祭，入学式や卒業式など，これらはすべて特別活動とされる教育活動である。特別活動は，自分たちが創意工夫しながら行動し，目標を達成したり，仲間どうしで協力しながら体験的な活動をしたりする，自主的で自由な教育活動である。また，これらの活動を通じて，日常生活や教科学習の時間には気が付かなかった自他の個性や能力を発見することもできる。それだけに，特別活動は楽しく印象深い活動として記憶されるのであろう。さらに，子どもの自主的な体験を支柱とする特別活動は，個性の伸長，学習意欲の向上，人間関係形成など，教育の今日的課題とも密接な関係をもっている。このため，特別活動を充実させることで，それらの課題解決に向けて大きな役割を果たす

ことが期待できるなど，重要な教育的意義をもつ活動なのである。

教育課程の面からこの活動を考えてみよう。学校教育法施行規則によると，教育課程は，「教科」「特別活動」「道徳（高校を除く）」「総合的な学習の時間」「外国語活動（小学校のみ）」から構成されている（第50条，第72条，第83条）。つまり，特別活動とは，教科の学習などと並んで小・中・高校の教育課程を構成する重要かつ固有の領域といえる。

では，特別活動ではどのような能力を形成することが目指されているのだろうか。2017年告示の中学校学習指導要領では，特別活動の目標を次のように掲げている。

　集団や社会の形成者としての見方・考え方を働かせ，様々な集団活動に自主的，実践的に取り組み，互いのよさや可能性を発揮しながら集団や自己の生活上の課題を解決することを通して，次のとおり資質・能力を育成することを目指す。
　(1) 多様な他者と協働する様々な集団活動の意義や活動を行う上で必要となることについて理解し，行動の仕方を身に付けるようにする。
　(2) 集団や自己の生活，人間関係の課題を見いだし，解決するために話し合い，合意形成を図ったり，意思決定したりすることができるようにする。
　(3) 自主的，実践的な集団活動を通して身に付けたことを生かして，集団や社会における生活及び人間関係をよりよく形成するとともに，人間としての生き方についての考えを深め，自己実現を図ろうとする態度を養う。

目標では，集団活動を通して育成する資質・能力として，(1)集団活動の意義や，役割分担・合意形成・社会マナーなど，さらには将来の自己と学習の関連を理解する知識及び技能，(2)課題解決に向けて自身で，または他者とともに主体的に課題を見出し考えたり判断したりする思考力・判断力・表現力，(3)さまざまな活動に自主的・実践的に関わり学び続けようとする態度が示されている。これらは，学校生活はもちろん，社会に出てからもさまざまな集団や人間関係の中で必要となる資質・能力である。このことから，特別活動は，生涯にわたって能動的に学び続けることができるようになるための力を養っていく重要な役割を担う活動といえよう。

2 特別活動の特質

上記の特別活動の意義をふまえて、特別活動の特質として以下の2点をあげることができる。

1）集団活動を通して行われること

特別活動は「望ましい集団活動」を通して行うことが方法原理とされている。2017年の改訂では、この活動の在り方が一層具体的に示された。すなわち、第1に、さまざまな集団活動に自主的・実践的に取り組む活動、第2に、互いのよさや可能性を発揮しあえる活動、第3に、集団や自己の生活上の課題解決を内容や過程に含む活動である。

集団活動の活動単位は学級や学年に限られたものではない。学級単位の活動を基点にしながら、児童会・生徒会・委員会・学校行事といった異年齢集団における活動や、奉仕活動・勤労体験といった保護者や地域住民を含めた活動が展開される。さまざまな形態の集団活動を経験することは、日常生活において集団形成の機会や集団活動への参加、特に異年齢の関係を築く経験が少ない現代の子どもたちにとって、社会性を育むための重要な機会となる。

2）実践的な活動＝なすことによって学ぶ

特別活動と他の教科等との大きな違いは、実際の生活経験や体験学習、すなわち「なすことによって学ぶ」ことを方法原理とする点である。子どもは学校生活において直面している課題や自分たちで設定した目標に向けて、計画、行動、振り返り、計画の改善といった活動を行う。これらの活動を通して、他者との関係を築くこと、集団の秩序を維持すること、共感的態度など、集団活動に必要な態度を知るとともに、その態度を身につけていく。さらに、集団内での自己の個性の発見や、自己の活かし方など、集団に属することで自らの良さや役割を理解し活動する能力をも習得するのである。

ここで留意すべきことは、実践が子どもの自主的・実践的なものでなければならない、ということである。特別活動で育成する資質・能力は、教員が提示した課題や目標に向かっての実践ではなく、子ども自らが課題等を見出し、目標に向けて取り組む実践的な活動を通して初めて身に付くものである。

2　特別活動の内容

　特別活動は，①学級・ホームルーム活動，②児童会・生徒会活動，③学校行事，④クラブ活動（小学校のみ）からなる。以下，それぞれの活動の目標と活動内容を学習指導要領によって確認する。

1　学級・ホームルーム活動

　学級活動およびホームルーム活動の目標は，「学級（ホームルーム）や学校での生活をよりよくするための課題を見いだし，解決するために話し合い，合意形成し，役割を分担して協力して実践したり，学級での話合いを生かして自己の課題の解決及び将来の生き方を描くために意思決定して実践したりすること」を通して資質・能力を育成することである（括弧内は高校）。学級は子どもが学校生活を送る基礎的な場であり，学級で望ましい人間関係が築かれることは，学校生活や学習がより豊かに展開されることに繋がる。さらに，学級活動は児童・生徒会活動や学校行事等の活動基盤としての役割を果たす場でもあり，特別活動の目標達成に重要な活動であるといえる。

　活動内容は，①学級（ホームルーム）や学校の生活づくりへの参画，②日常の生活や学習への適応と自己の成長及び健康安全，③一人一人のキャリア形成と自己実現となっている。

2　児童会・生徒会活動

　児童会・生徒会活動の目標は，「異年齢の生徒同士で協力し，学校生活の充実と向上を図るための諸問題の解決に向けて，計画を立て役割を分担し，協力して運営すること」を通して資質・能力を育成することである。活動内容は，①児童会・生徒会の組織づくりと活動の計画や運営，②学校行事への協力，③ボランティア活動などの社会参画，④異年齢集団による交流である（③は中学・高校，④は小学校のみ）。

　児童会・生徒会活動は異年齢集団による活動を経験する貴重な機会である。

児童会・生徒会は，会長や委員に選ばれた一部の児童・生徒のみで行う活動と誤認されがちであるが，本来は「全校の児童（生徒）をもって組織」される集団である。教員はあくまで「調整者」としての立場に立ちながら，全校生徒が協力して，学校における自分たちの生活の充実・改善・向上を目指すような活動へと導かなくてはならない。

3　学校行事

学校行事の目標は，「全校又は学年の生徒で協力し，よりよい学校生活を築くための体験的な活動を通して，集団への所属感や連帯感を深め，公共の精神を養いながら」資質・能力を育成することである。

学校行事は学年や全校といった大きな集団を単位として行われ，活動場所は校内に限らず，周辺地域や国内外のさまざまな場で行われる。こうした活動は，通常の学級生活では得られない体験や感動を得る機会であり，その非日常性は学校生活に望ましい秩序と変化を与え，日常生活を活性化させる刺激にもなる。

活動内容は，① 儀式的行事，② 文化的行事，③ 健康安全・体育的行事，④ 旅行・集団宿泊的行事，⑤ 勤労生産・奉仕的行事の5種類に分類される。

学校行事は学校側が計画する活動が中心であるため，計画と実施にあたっては，参加する子どもが主体的に取り組むことができるよう，適切な指導・助言を行うことが重要となる。さらに，学校行事は非日常的な活動ではあるが，日常の学校生活との関連を考慮した活動でなければならない。すなわち，各教科，道徳，総合的な学習の時間，外国語活動などでの学習の成果を生かし，また深化・発展させるための体験的な活動となるように計画することも重要である。

4　クラブ活動（小学校のみ）

クラブ活動の目標は，「異年齢の児童同士で協力し，共通の趣味・関心を追求する集団活動の計画を立てて運営すること」を通して，「個性の伸長を図りながら」資質・能力を育成することである。クラブ活動は主として第4学年以上の同好の児童で行われる活動である。

クラブ活動の選択は，自らの興味関心を発見し理解する機会であり，活動を通して興味関心を深めることは，その楽しさや可能性に気づき，生涯学習に向けた基礎的な態度の育成に繋がる。活動内容は，①クラブの組織づくりと計画や運営，②クラブを楽しむ活動，③クラブの成果の発表である。教員は，参加する異年齢の児童全員が楽しむことができる活動計画を児童と共に計画することで，クラブへの所属感を高め，自主的に活動ができるように援助することが求められる。

3　学習指導要領にみる特別活動の変遷

　ここでは，2017年の改訂までの中学校と高等学校の特別活動の変遷を確認する。名称と内容の変遷をまとめたのが図表7.1である。改訂年に関しては中学のみを記載してある。

1　1947年の学習指導要領【自由研究】

　戦後初めての学習指導要領において，現在の特別活動に相当する内容として「自由研究」という教科が設置された。「自由研究」は中学・高校では選択科目のひとつとして新設された科目であり，授業時間は全学年に週1時間ないし4時間を充てるとされた。活動内容としては，①教科の発展としての自由な学習，②クラブ活動，③当番や学級委員としての仕事の3つがあげられた。しかし，各教科指導法の進歩によって，活動内容①が各教科の時間に行えるようになったこと等を踏まえて，1951年の改訂を機に発展的に解消されることとなる。

図表7.1 「特別活動」の名称および特徴

改訂年	名称	主な特徴
1947年	自由研究	選択科目のひとつ
1951年	特別教育活動	特別教育活動の新設 「なすことによって学ぶ」原則
1958年	特別教育活動	名称の統一，目的と内容の設定 学校行事が「特別教育活動」から分離される
1968年	特別活動 各教科以外の教育活動	学校行事の再統合 学級指導 クラブ必修化
1977年	特別活動	名称の統一 自主的・実践的態度の育成の追加
1989年	特別活動	弾力的指導の実施
1998年	特別活動	社会性の育成 中学校・高等学校でのクラブ活動廃止
2008年	特別活動	人間関係を構築する力の育成 活動内容の目標の明言化
2017年	特別活動	人間関係形成・社会参画・自己実現の視点 学びの過程の具体化，キャリア教育

出所）筆者作成

2　1951年の改訂【特別教育活動の新設】

廃止された「自由研究」に代わるものとして，小学校では「教科以外の活動」，中学・高校では「特別教育活動」が設置された。特別教育活動は「なすことによって学ぶ」という原則において行われる活動であり，教員の指導は常に最小限度に留めるべきとされた。活動内容としては，中学・高校では，学級を単位としたホームルーム，学校全体を単位とした生徒会，生徒集会，そしてクラブ活動があげられた。

3　1958年の改訂【名称の統一・学校行事の分離】

この改訂で，小学校から高校まで「特別教育活動」の名称に統一され，目標

が設定された。さらに，特別教育活動の領域の「主要なもの」としてあげられていた生徒会やクラブ活動といった活動は，特別教育活動の「内容」となり学級活動，生徒会活動，クラブ活動の3つが設定された。学級活動においては，学級の課題解決等と並んで進路指導も活動に含まれていた。具体的には生徒の進路選択にあたり，自己理解を深めることや，職業生活への適応方法の指導が強調された。

なお，現在では特別活動の内容のひとつである学校行事は，「学校が計画し実施する教育活動」として，特別教育活動とは別の教育課程として設定されていた。

4　1968，1969年の改訂【学校行事の再統合・学級指導・クラブ必修化】

この改訂では，1958年の改訂の際に分離させた「学校行事等」と「特別教育活動」の内容を精選し統合することが課題となった。小・中学校では特別教育活動と学校行事を統合し「特別活動」が新設され，高校においても，1970年の改訂において「各教科以外の教育活動」という名称で新設された。内容として，小・中学校では児童・生徒活動，学校行事，学級指導の3つがあげられた。学級指導は生徒指導重視の方針から新設された内容である。子どもの自発的な活動が中心となる生徒会活動やクラブ活動，学級活動は「生徒活動」としてまとめられ，集団生活への適応や人間関係の育成に加えて，従来は学級活動や学校行事に含まれていた児童・生徒の健康・安全に関することや，進路選択に関することが「学級指導」の内容とされた。高校ではホームルーム，生徒会活動，クラブ活動，学校行事の4つがあげられた。学校行事は，活動内容を精選すると共に，今まで以上に子どもの自主的な活動との関連が重視されることとなった。なお，クラブ活動はこの改訂から週1時間の必修となり，部活動とは異なる活動として行われることとなった。

5 1977，1989，1998年の改訂【目標と内容の充実と再構成・クラブ廃止】

　1977年の改訂では，高校での名称が「特別活動」となり，小学校から高校までの活動に一貫性をもたせることが目指された。目標には自主的・実践的態度の育成を目指すことが追加された。内容構成は1968年版の学習指導要領と変わりないが，勤労の体験的な学習を重視する立場から，小学校の学校行事の内容にも勤労・生産的行事が加えられた。

　1989年の改訂では，特別活動の基本的性格は「現行どおり」とされたが，学校や子どもたちの実態に応じて「弾力的」に指導を行うことが求められた。これによって，同じく学級を単位としながらも異なる活動とされてきた学級会活動と学級指導を統合し，学級活動が新設された。すなわち，指導形態による分類から，活動単位による分類へ変更したのである。また，弾力化のひとつとして，部活動をクラブ活動に代替することも認められた。

　1998年の改訂では，目標の「集団の一員」の部分が「集団や社会の一員」に改められた。この変更は，「生きる力」を育むという方針のもと，社会の一員としての自覚を深めることや，社会生活の規則の尊重といった社会性の育成が特別活動で目指されたからである。内容に関しては，社会参加の経験の一例としてボランティア活動があげられた。また，多数の生徒が部活動に参加している状況を考慮して，中学と高校ではクラブ活動が廃止されることとなった。

6 2008年の改訂【活動内容の目標の明言化】

　「活動が児童生徒の資質や能力の育成に十分につながっていない」との中教審の指摘を受け，2008年の学習指導要領では，活動内容ごとに目標が示され，活動を通して育てたい資質や能力が明確化された。また，人間関係の希薄化といった現状を踏まえて，「人間関係」を築く力の育成が目標に加えられた。

7 2017年の改訂【3つの視点，学びの過程の具体化，キャリア教育】

　この改訂では2つの点から，2008年の学習指導要領の具体化が進められた。

①児童・生徒が集団活動を通して身に付けるべき資質・能力を明確にするために，「人間関係形成」「社会参画」「自己実現」の3つの視点からの目標整理，②学習過程となる「望ましい集団活動」の在り方の具体的提示である。また，特別活動がキャリア教育の要とされたことを受けて，小学校段階から活動内容に「一人一人のキャリア形成と自己実現」が設けられ，社会的・職業的自立に向けての資質・能力の育成が重要視されるようになった。

　以上のように，特別活動は，1947年の「自由研究」から活動内容の精査が繰り返し行われ，現在の学習指導要領に到っている。また，目標は基本的には一貫しているが，社会や子どもたちの実態に即して若干の変更が加えられてきた。こうした変遷からも，特別活動が社会でより良く生きていくための資質・能力を養う重要な活動であることがわかる。

4　特別活動に期待される役割

　最後に，現在の特別活動に求められている今日的役割として(1)汎用的な力の育成，(2)キャリア教育の要，の2点を取り上げる。

　(1) 汎用的な力の育成：特別活動には，各教科で学んだ知識・技能を実践的な集団活動を通して，「実生活において活用可能」な知識・技能にまで高めることが求められている。児童・生徒が見出した課題の解決や，主体的に取り組む集団活動で各教科において獲得した知識・技能を活用することは，活用能力を高めるとともに，概念的な理解に留まっていた知識・技能が「実感」を伴うことでより深い学びとなる。こうした一連の経験を通して各教科等を学ぶ意義への理解を深めることは，各教科等での主体的な学びの態度に影響するものでもある。

　(2) キャリア教育の要：前述したように，2017年の改訂において特別活動は「キャリア教育」の要であることが総則において示された。キャリア教育と聞くと，職場体験活動や社会人講話などの職業理解のための活動がイメージされやすい。しかし，キャリア教育には，自分らしい生き方を模索することや，現

在の生活や学習を振り返り自己実現に向けて必要な知識・技能を身に付けること，社会の中での自分の役割について集団活動等を通して理解していくこと等も含まれる。情報化等が急速に進む社会の中で，私たちの生活様式や職業の在り方は大きく変化している。変化する社会の中で，自己を見つめて将来像を描きなおしたり，必要な情報を収集したり判断したりする力が，これからの社会で生きていく児童・生徒には欠かせないものとされている。

参考文献
日本特別活動学会監修『新訂キーワードで拓く新しい特別活動』東洋館出版社，2010年
河村茂雄『特別活動の理論と実際』図書文化社，2018年
文部科学省『中学校学習指導要領解説　特別活動編』2017年

学びを深めたい人へ
長田徹・清川卓二・翁長有希『新時代のキャリア教育』東京書籍，2017年
松下崇『自治的集団づくり入門』明治図書出版，2017年

第8章
生徒指導

> 学校生活がすべての児童・生徒にとって，有意義で興味深く，充実したものになるためには，学習活動を含め，児童・生徒が人間的に成長していく手助けとなる教育活動が行われていなければならない。いじめや不登校などの教育課題に対応することも児童・生徒の健全育成を目指す指導の一部として必要なことであるが，大事なのはあくまで児童・生徒が自ら考え，決めて実行していく力を育んでいくことである。このような，児童・生徒の人間的な成長を目指し，自己指導能力の形成を目指す活動を生徒指導という。
> 本章では，まず「生徒指導とは何か」という観点から，生徒指導の定義・内容を明らかにした後，生徒指導の理論的背景・目的・方法について考察を進める。次に「生徒指導の実際」として，教科や特別活動における生徒指導について検討を加え，続いて教育相談を取り上げる。さらに生徒指導の一環としての懲戒と生徒指導体制について考察するとともに，いじめ・不登校といった今日的な教育課題への対応について考える。

1 生徒指導とは

1 生徒指導の定義

　教員が児童・生徒に対して行う教育的働きかけのうち，社会的な価値・規範・態度・行動様式を身につけることにかかわるものが「生徒指導」である。換言すれば，生徒指導とは，児童・生徒一人ひとりを健全な人格や社会性を備えた人間に育てることを目指す活動といえる。ちなみに，教員が児童・生徒に対して行う教育的働きかけのうち，社会生活に必要な知識・技能などの能力の形成にかかわるものを「学習指導」という。
　しかし，国語や社会といった教科として行われる教育活動を例にとってみても，その教科の学習指導を成立させるためには，児童・生徒が落ち着いた雰囲気で学習に取り組めるよう，教員は学習態度などについて指導を行う。このよ

うに，教育課程に基づいて行う教育活動は，その内容に関する学習指導としての教育機能とともに，生徒指導としての教育機能をあわせもっているのである。

したがって，生徒指導は教育課程の特定の領域だけで行われるものではなく，教育課程のすべての領域において行われるものである。さらにいえば，実際の教育現場では，休み時間や放課後などに教育相談や個別的な指導が行われており，生徒指導は教育課程外の教育活動においても重要な役割を果たしている。

なお，生徒指導については，非行傾向があるなど，何らかの問題を抱えた児童・生徒を対象にしているという印象が一般的に強い。実際，学校現場における生徒指導関係の会議では，何らかの問題を抱えた児童・生徒への対応を話し合うことが多いのが実情であるが，本来の生徒指導とは，すべての生徒の人間的な成長を願い，すべての生徒を対象にして行われるべきものであって，決して一部の生徒だけを対象とするものではないことを強調しておきたい。

2 生徒指導の目的

仮に学校が，児童・生徒が自分で考えることなく，大人によって決められたことをそのまま行うだけの場であったとしたら，学校生活は児童・生徒にとって苦痛となり，人格のよりよい発達にはつながらないであろう。大切なのは，どのような行動をとることが適切なのか，自分自身で考え，自分自身で決めて実行していく力を児童・生徒が身につけていくことであり，教員に求められるのはその手助けを行うことである。自分で考え自分で決めて実行できる力を「自己指導能力」とよぶが，生徒指導は，児童・生徒の「自己指導能力」を育てることを目指すものといえる。

文部科学省刊行の生徒指導の基本書『生徒指導提要』（2011年）は生徒指導の目的として，①成長を促す指導，②予防的指導，③課題解決的指導の3つを掲げている。『生徒指導提要』刊行前の基本書であった『生徒指導の手引』（文部省，1981年）は，生徒指導を「積極的生徒指導」と「消極的生徒指導」に分けていた。問題を抱えた児童・生徒を対象に行う「消極的生徒指導」だけではなく，すべての児童・生徒を対象にして，その人格形成に積極的に働きかけ

ていく「積極的生徒指導」が生徒指導の重要な要素であることを示していたのである。

『生徒指導提要』が生徒指導の目的を3つに分けて提示したのは、いじめや不登校といった教育課題の直接的解決やその予防だけでなく、すべての児童・生徒の「成長を促す指導」、つまり「自己指導能力」を育てていくことが生徒指導の基本にあることを改めて強調するねらいがあったため、ととらえることができる。

3 生徒指導の内容

生徒指導の内容は多岐にわたるが、以下の8つが主な領域である。

1）学業指導

学業指導は、修学指導ともいわれ、円滑に学業を修めることができるよう指導することを目的としている。オリエンテーションや学級・ホームルーム活動を通じて、教員が児童・生徒に学業を行ううえでの情報を提供したり、成績不振などの学業上の困難に関して、児童・生徒本人や保護者と面談して学習態度を指導したりする。さらには、学習への興味や学習動機の喚起、学習技術の習得なども指導する。学業指導は、生徒指導のなかで最も学習指導と密接な関係にある。

2）個人的適応指導

児童・生徒は一人ひとり異なる個性をもち、集団行動な苦手が児童・生徒もいれば、学習に集中して取り組むことが難しい児童・生徒もいる。また、友人関係がうまくいかないなどの悩みを抱える児童・生徒も現れる。このような児童・生徒の適応に向けて、一人ひとりの個性に応じた支援を教員は教育相談などを通じて行っていく。この指導の目的は、自己解決能力の育成にある。

3）社会性・公民性指導

社会性・公民性指導とは、児童・生徒が社会の一員として自立できるように教員が導くことである。学級活動・ホームルーム活動や児童会・生徒会活動、さらには文化祭や遠足等の学校行事など、学校では集団として活動する機会が

多い．教員は，児童・生徒がこれらの活動を通じて他者との望ましいかかわり方を身につけていくことを支援していくのである．

4）道徳性指導

児童・生徒の豊かな心を育み人間としての生き方の自覚を促す道徳教育は，学校の教育活動全体を通じて行われるべきものである．生徒指導における道徳性指導は，児童・生徒一人ひとりの日常的な生活場面で生じる具体的な道徳問題についてその都度教員が指導を行い，学校での道徳教育を支える役割を担う．

5）進路指導

進学や就職の相談や指導だけでなく，児童・生徒自らが主体的に進路の選択・決定を行うことができるような能力を伸ばす教育活動が進路指導である．進路の情報を提供するだけでなく，能力・適性についての自己理解の深化への援助が重要になる．近年では「キャリア教育」の名で，より長期的な視点に立った教育が行われている．中学校や高等学校では，中心的な役割を担う教員を配置し校務分掌として独立させて，組織的・体系的に進路指導に取り組んでいる．

6）保健指導

食事・睡眠といった基本的な生活習慣を確立することは児童・生徒の健やかな成長に欠かすことができない．内容としては，定期的な身体検査，基本的生活習慣についての指導，緊急処置に関する知識・技能の指導，性教育などがある．また，低年齢化が進む薬物乱用の誘惑から児童・生徒を守ることも必要である．児童・生徒の健康状態に日頃から目を配り，問題を適切かつ速やかに解決していくことが求められる．

7）安全指導

交通事故や地震・風水害などの自然災害，不審者による誘拐・傷害など児童・生徒を取り巻く危険は多い．これらの危険を予測・回避して安全な行動がとれるよう児童・生徒を導くことが安全指導である．安全指導は，交通安全教室や防災避難訓練などを通じて計画的に行うとともに，登下校の際に交通マナー違反をその場で指導するなど，随時行うことが必要となる．

8）余暇指導

　生徒指導の範囲は，学校生活だけにとどまるものではない。充実した余暇を過ごすことは児童・生徒の健やかな成長に寄与するが，余暇の誤った過ごし方は児童・生徒を非行に走らせる原因にもなる。放課後や長期休業日に児童・生徒が充実した余暇を送ることができるよう教員は導く必要がある。学校の放課後に行われる部活動は，余暇指導の意義を有するといえる。

4　生徒指導の理論的背景

　日本において，「生徒指導」という語が一定の意味をもって意図的に使用されるようになったのは，第二次世界大戦後のことである。戦後の日本における生徒指導の理論的背景として，以下の3つの流れを指摘できる。

1）「ガイダンス」概念に基づく受容主義的指導観

　1949年に文部省は『中学校・高等学校の生徒指導』という手引書を公刊したが，これはアメリカの「ガイダンス」（guidance）概念を基礎に置くものであった。当時文部省が導入しようとしたアメリカの「ガイダンス」の考え方は，人生の過程で直面する問題を児童・生徒が自分で解決できるように援助するというものであり，アメリカのロジャーズ（C. R. Rogers, 1902-1987）に代表される受容主義的指導観を背景にもつものであった。これが「自己指導能力」を高めるという生徒指導の理論的な柱になっていくのである。

2）生活綴方などの教育実践などを踏まえた「生活指導」

　一方，日本では，もともと児童・生徒の「生活」の指導に重点を置く教育実践の流れが存在していた。戦前の日本においても，1920年代から30年代を中心に，作文を通じて現実の生活を見つめ考えさせていく「生活綴方」の教育実践が盛んに行われた。学校教育が国家主義的傾向を強めていく過程で「生活綴方」は弾圧され下火となったが，戦後に復活し，無着成恭（1927-）編の『山びこ学校』（1951年）などに代表される教育実践を生み出した。児童・生徒に各自の「生活」を見つめさせ問題解決的な指導を行う教育実践の流れは，日本教職員組合（日教組）の教育研究全国集会から生まれた全国生活指導研究協議

会（全生研）の活動へと発展し，「生活指導」という語も定着していく。ただし，1960年代以降，「生活指導」は多義的に使われているとの理由で，文部省は手引書などで「生徒指導」の語を使用するようになり現在に至っている。

3）集団づくりに重点を置く集団主義理論

「生徒指導」の理論的背景の第3の流れとして，ソ連のマカレンコ（A. Makarenko, 1888-1939）に代表される集団主義理論がある。これは，学級や班など集団のつくり方に重点を置く考えであり，クラスや班などを意識した集団指導は生徒指導の柱のひとつとなっている。

以上のように，生徒指導の理論的背景には，アメリカの「ガイダンス」概念に基づく受容主義的指導観，生活綴方などの教育実践などを踏まえた「生活指導」，集団づくりに重点を置く集団主義理論，の3つの流れが存在している。

5 生徒指導の方法

生徒指導の方法には，個別指導と集団指導の2つがある。児童・生徒は一人ひとり異なる個性をもつ存在であり，一人ひとりの人格を尊重して教育的働きかけを行おうとするならば，生徒指導の基本は個別指導にあるといえる。

しかし，一方で，人間は社会の形成者の一員として，他者との関わり合いのなかで生活している。児童・生徒は，学校で集団生活を送るなかで，各自の個性を伸ばしつつ，社会的な資質や能力・態度を身につけていく。性格，興味，関心，考え方など，一人ひとり異なる個性をもつ児童・生徒同士が，互いの個性を尊重し合うことによって，豊かな人間関係を築くことができるのである。集団指導といっても，集団全体のみに焦点をあてた指導を意味するのではなく，集団内の児童・生徒一人ひとりについても考慮を払うことが大事である。望ましいのは，集団指導を通して個を育成し，個の成長が集団を発展させるという相互作用といえよう。

2　生徒指導の実際

1　教科・教科外活動と生徒指導

　生徒指導は，教科・教科外活動を問わず，教育課程のすべての領域において行われるものである。ここでは，教科と教科外活動のなかから特別活動を例として取り上げ，生徒指導をどのように行うかについて述べる。

1）教科における生徒指導

　児童・生徒にとって，学校生活の中心は授業である。「わかる授業」を行うことは，教員に課せられた重要な責務であるといえよう。生徒指導は教科指導とも密接にかかわっており，基本的な生活習慣が改善されて，家庭での学習習慣が確立されてくると，教科指導にも良い影響を与え，生徒の学力向上につながるという関係がある。学校生活の中心である授業では，児童・生徒一人ひとりが，自分の居場所を感じて主体的に学習に取り組み，充実感や達成感を得られるよう教員が配慮することが求められている。

2）特別活動における生徒指導

　学級活動・ホームルーム活動，児童会・生徒会活動，文化祭や修学旅行などの学校行事，といった学校で行われる特別活動は，児童・生徒が集団活動に自主的，実践的に取り組むことにその意義がある。

　特別活動を行うなかで，時には児童・生徒の間で意見が対立したり，人間関係にもつれが生じたりすることが起きるであろう。しかし，児童・生徒同士が話し合いを重ねるなかで，自分とは異なる価値観の存在に気付いて，他者の意見に耳を傾けながら，意見を調整していくという経験が，児童・生徒の社会的資質を成長させる。したがって，特別活動の指導にあたって教員は，児童・生徒の発達段階を考慮しつつ，可能な限り，児童・生徒の自発性・自主性を尊重しなければならない。教員はあくまで間接的な援助に徹することが求められる。

2　教育相談

　教育相談とは，学習や生活，進路など教育上の諸問題に関する児童・生徒や

保護者の相談に対して，教員などが応じることである。教育相談は，「ガイダンス」概念に基づく受容主義的指導観の流れに位置づけられるもので，児童・生徒は，理解され受け入れられることにより成長していくとの考え方が根底にある。

一方，生徒指導上の必要から，教員が児童・生徒を叱責・説諭することは日常的に行われている。このため，「受容・共感」の教育相談を「叱責・説諭」の生徒指導と対比させてとらえることがある。

しかし，生徒指導の目的は，児童・生徒の自己指導能力を育てていくことにあり，「叱責・説諭」などを行う場合でも，一人ひとりの児童・生徒の発達状況を踏まえて，その成長を促すものでなければならない。児童・生徒の成長を促す適切な生徒指導を行う際の前提となるのが，一人ひとりの児童・生徒を理解していることである。児童・生徒の不安や悩みにも目を向け，その内面に対する共感的理解を深めていくことが求められるのである。

3 懲戒と体罰

児童・生徒の自己指導能力を育てていくことが生徒指導の目的であるが，教育上必要があると認められるとき，教員は懲戒を加えることができる。懲戒には，① 事実行為としての懲戒と ② 法的効果を伴う懲戒の2種類がある。

① 事実行為としての懲戒とは，児童・生徒を叱責・説諭することや，宿題や清掃を罰として課すことなどを指し，児童・生徒の教育を受ける地位や権利に影響を与えるものではない。これに対して，② 法的効果を伴う懲戒は，児童・生徒の教育を受ける地位や権利に変動をもたらすもので，具体的には停学と退学がある。停学は児童・生徒の教育を受ける権利を一定期間停止するもので，退学は児童・生徒の教育を受ける権利を奪うものである。ただし，退学は公立の義務教育段階の学校では行うことはできず，停学は国公私立を問わず，義務教育段階では行うことはできない。

① の事実行為としての懲戒を行う場合でも，体罰は行ってはならない。体罰とは，身体に対する侵害（殴る，蹴るなど）や肉体的苦痛を与える懲戒（正

座など特定の姿勢を長時間保持させるなど）などを指す。ただし，他の生徒への危害を未然に防ぐ目的や，教員が自らの身を守るために止むを得ずに有形力（目に見える物理的な力）の行使をした場合などは体罰にあたらない。

しかし，懲戒は，あくまで学校における教育目的を達成するために行われるものであり，教育的配慮のもとに行われなくてはならない。

4 生徒指導体制

充実した生徒指導を行うために必要なのは，以下に示すように教員・保護者・関係諸機関など関係者すべてが，力をあわせることである。

1）生徒指導に関する学校組織

生徒指導に関しては，生徒指導部などの部署が各学校の校務分掌に置かれ，生徒指導主事がその中心的な役割を果たしている。

一般的に，児童・生徒の問題行動が発生し，特別な指導を行う必要が生じた場合，本人や保護者との連絡は，主に学級・ホームルーム担任が担う。生徒指導部に属する教員は，学年の教員と連携しながら事情聴取や情報収集を行い，生徒指導主事は校長などの管理職や関係機関との連絡・調整を行う。その後，特別指導に関する職員会議が開かれることになる。

このような課題解決的な生徒指導を行う場合に大切なことは，担任など一部の教員に問題を押しつけるのではなく，学校全体が組織として対応することである。児童・生徒が荒れる学校の多くで指摘されるのは，教員集団にまとまりがなく，組織的な対応ができていないことである。

校長など学校の管理職に求められるのは，教員自らが考え，主体的に判断することを尊重しながら，生徒指導の方針・基準を明確化・具体化し，学校全体で共通理解・共通実践する方向に導くことである。教員にはそれぞれ個性があり，異なる個性をもつ教員が一丸となって教育にあたることで大きな力が生まれるのである。

2）関係諸機関との連携

現在の複雑化・多様化する教育課題に対応していくためには，学校だけで問

題を抱え込まず，問題によっては教育委員会や警察・児童相談所などの関係諸機関と連携をとりながら対応していくことが必要となる。また，学校間，家庭や地域社会との連携も欠かすことができない。

5　今日的教育課題への対応

　ここでは，学校現場における今日的教育課題のうち，いじめと不登校を取り上げる（なお，いじめと不登校の定義と現状については，第16章を参照のこと）。

　①いじめ：いじめとは，強い立場にある個人または集団が，弱い立場にある者を肉体的・精神的に苦しめることである。いじめは，どの学校でも起こり得るものであり，まただれもが被害者にも加害者にもなり得る。いじめ問題への対応にあたっては，「いじめは人間として絶対に許されない」という姿勢を毅然と学校側が示すことが大切である。そして，いじめを把握したら，担任教員などが一人で抱え込むことなく，組織的に対応することが何より大事である。そして，被害にあっている児童・生徒の安全確保を第1に考え，保護者との連携をとりながら対応を進めていくことが必要である。

　②不登校：不登校とは，何らかの原因で，児童・生徒が登校しない，あるいは登校したくてもできない状態のことをいう。児童・生徒が不登校になる原因はさまざまなので，児童・生徒の状況に合わせた対応が必要である。登校時間になると腹痛などの身体症状が出る神経症的な不登校に対しては，教員の積極的働きかけがかえって状態を悪化させることもあり，「待つ」ことが必要な場合もある。しかし，いじめや家庭における虐待，発達障害などが背景となって不登校になっている場合には，生徒の状況を見極めたうえで，関係諸機関と連携をとって積極的にかかわっていくことがむしろ必要とされる。個々の児童・生徒の状況にあわせた対応が必要である。

　いずれの教育課題にしても，担任教員などが「一人で抱え込まない」ことが何より大事である。必ず学校全体で組織的に問題に対応するとともに，「学校だけで抱え込まない」ことも大事である。関係諸機関と連携をとりながら対応していくことが必要とされるのである。

参考文献
宮崎和夫編『生徒指導の理論と実践　新訂二版』学文社，2008年
文部科学省『生徒指導提要』2011年
住田正樹・岡崎友典編『児童・生徒指導の理論と実践』放送大学教育振興会，2011年
諸富祥彦『新しい生徒指導の手引き』図書文化，2013年

学びを深めたい人へ
木原孝博『生徒指導の理論』第一法規，1982年
柿沼昌芳・永野恒雄編『「生徒指導提要」一問一答―生徒指導のバイブルを読み解く』同時代社，2012年

第9章
学校経営・学級経営

　子どもたちを取り巻く環境の変化により，学校の抱える課題（いじめや不登校，学級崩壊，学力向上，教育格差等々）が山積し複雑化している今日，これまでどおりの学校の創意工夫と努力だけで，その解決を求めることは困難になってきている。これらの課題を克服するためには，それぞれの学校が「目指す学校」の姿を確立しその具体化を図るために，組織として一丸となって対応していかなくてはならないのである。では，組織として目指す学校教育の姿を具現化するためにどうあったらよいのであろうか。そこには，学校経営が大きく関わってくる。「学校経営」とは，各学校が設定した「目指す学校の姿」を，その学校が有するさまざまな資源を効果的に最大限活用して具現化することであり，それを推進するのは優れた教育活動なのである。この教育活動を実践し高めていくのは学級担任及び教科担任だが，その中心となるのは学級担任といえよう。学級の雰囲気や人間関係をつくりあげているのは学級担任である。担任による経営（学級経営）によって学級の様相は大きく異なり，いわゆる学級風土が醸し出されるのである。

　学校教育は教科指導を中心に展開しているが，授業がすべてではない。どんなに教科指導が優れていても，学級の集団づくりや人間関係づくり，環境整備などを主な内容とする「学級経営」が成り立たなければ教育活動は円滑には進まない。"教育活動の基盤は学級経営にある"の言葉の所以である。しかし，その学級経営について学ぶ機会は多くはない。教壇に立つ前は何をどう教えるかに精一杯で，学級経営は学級担任になってから初めて，自分の学生時代の経験や他学級を参考にして取り組むことになりがちである。そのため，教科指導はできても学級経営には自信がないという教員も少なくない。

　そこで，本章ではまず，学校経営の基本的な考え方について理解し，次に，学級経営の基本的な考え方と具体的な内容を学ぶこととする。そして最後に，学校経営・学級経営と家庭や地域との連携・協力のあり方を考えていくことにする。

1　学校経営の基本的な考え方

1　学校経営とは

　学校経営とは，各学校が独自に設定した学校教育目標の達成に向けて，人

的・物的・財政的経営資源を活用し有効な手段で学校運営を行い,「目指す学校」の具現化を図ることである。校長は,教育理念・方針・将来構想等のビジョンに基づき,教職員,設備,予算,情報等の必要な資源を駆使して,PDCAサイクル(計画,実施,評価,改善)を踏まえながら学校の運営・管理を行うことが求められる。また,校長のリーダーシップのもと,全教職員が学校経営に参画し,組織として機能する学校づくりに努め,「生きる力」を育む教育を実践することが必要である。

各学校では,学校教育目標を基盤に,校長の学校経営理念と方針のもと,目指す,学校像,児童・生徒像,教師像等を設定し,その達成に向けての長期・中期・短期の目標や重点目標等とその具現策を立案する。なお,このように学校の説明責任を果たす際の有効な手段として,学校経営ビジョンを中心に教育活動全体をグランドデザインに表す学校が多くなってきている。しかし,一般的に「何を行うか」のみにとらわれやすいが,「なぜ行うのか」という理由付けについてきちんと押さえることが大切である。

2 学校教育目標

学校教育目標とは,各学校が自ら行う教育活動を通じて,そこに在籍する児童・生徒(以下,生徒と略記する)にどのような力を習得させようとするのかを学校独自に表現したものである。

法令では,日本国憲法及び教育基本法を踏まえ,学校教育法において幼稚園・小学校・中学校・義務教育学校・高等学校・中等教育学校・高等専門学校・特別支援学校等それぞれの目標が規定されている。各地方自治体レベルでも地域の実態や社会の要請に対応した教育目標が定められている。学校は,公教育機関である限りそれらの目標を十分に踏まえたうえで,学校教育目標を設定する必要がある。また,学校教育目標は継続的実践が可能であることが大切な条件となる。加えて,「学校教育目標」という言葉が用いられるのは,個々の学校で展開される教育活動が,他でもない「その学校」固有のものであることに留意しなければならない。この固有性は,生徒,保護者,教職員及び地域

住民のニーズや実態，周囲の自然環境条件や時代的・社会的背景によっても異なり得るものである。そうした種々の要因を踏まえて「今，この学校にとって最も重要な課題は何か？」という問いに答えるものとして，学校教育目標は教職員によって常に意識され，吟味されなければならない。なお，学校教育目標の効果的な達成のためには，組織マネジメント（学校の有する能力・資源を開発・活用し，学校の関係者や教職員のニーズに適応させながら，効果的・効率的に調整し学校教育目標を達成していく活動）が不可欠である。

3　学校経営方針

　学校経営方針は，校長が策定した学校のビジョンを，長期・中期・短期的な展望に立ち，当該年度の学習指導，生活指導，進路指導，学校運営等の教育活動について具体的な目標と方策を設定するものである。またそれは，教職員全員が設定された具体的な目標の達成を目指し協働体制を確立し，学校の自律的な改革と教育の質的な向上を図るためのものでもある。

　学校経営方針は，学校が保護者への説明責任を果たす手段となり，校長が自校の学校教育活動について保護者に明らかにする「公約」の役割をもつものといえる。さらに，校長は，学校経営方針を機能させるために教職員をPDCAサイクルの段階において積極的に参画させ，主体的に組織的な取り組みを行うようリーダーシップを発揮し指導しなければならない。なぜなら，このことなくしては，教育の質の維持・向上を図ることができないからである。また，学校組織が目標を達成するためには，教職員が組織目標の達成に向けた共通の意思の形成を図るとともに，協働体制の確立に取り組むことが大切である。校長は，学校経営を組織として進めるために教職員とのコミュニケーションを重視して，しっかりとした学校経営方針を策定し実施しなければならない。

4　学校運営組織

　学校は，組織体として学校経営方針に基づき，経営資源である人的・物的・財政的条件を最も有効に活用して，目標管理や実践管理を適切に行い，機動的

な組織運営を図ることが求められている。なお，組織がスムーズに機能するための必要な運営の要素は，①情報・伝達ルートの一本化，②情報の及ぶ範囲の明確化，③校務分掌の役割の明確化，④教職員の適正・的確な職務の分担の4つである。なお，学校運営方針の具現化を図るためには，マネジメント・サイクルに沿って教育活動を推進し，適切な運営を図ることが重要になる。

　学校運営を行うためには，校務分掌の組織や職員会議及びその他の学校が必要とする委員会等を設ける必要がある。それらの基本的な枠組みは，「教育指導のための組織」，「研究・研修のための組織」，「学校事務のための組織」の3つに大別されるのが一般的である。1つ目の「教育指導」とは，学習指導・生活指導・進路指導・特別活動等の学校教育活動の全てを含む概念である。2つ目の「研究・研修」とは，教育指導を充実させその効果を上げるために教師一人ひとりが授業の質を高め，専門的力量と指導力を磨き深めていくものである。3つ目の「学校事務」とは，学校の教育活動を円滑に実施するために必要な全ての業務を司る内部管理の組織である。

5　学校評価

　学校評価は，各学校が設定した教育目標を達成するために組織体としてどの程度教育機能を発揮できているかを測るものである。従って，学校の全ての教育活動を対象として総合的かつ客観的に評価し，その結果に基づいて教育活動全般の改善策を講じ，自校の教育の充実を図る指針とするものである。

　学校に求められているのは，「自己評価」と，それに基づく「学校関係者評価」である。自己評価は，学校評価の最も基本となるもので校長のリーダーシップのもと，全教職員が設定した目標や具体的計画等に照らして，その達成状況等について評価を行うものであり，法令上の実施義務がある。自己評価を行う際には，生徒，保護者，地域住民に対するアンケート等の結果を活用する。学校関係者評価は，保護者，学校評議員，地域住民，接続する学校の関係者等により構成された委員会等がその学校の教育活動の観察や意見交換を通じて，自己評価の結果を評価することを基本として行われるものであり，法令上は実

施の努力義務がある。

　また，その他の評価として「第三者評価」がある。これは，学校運営に関する外部の専門家を中心とした評価者により，教育活動，その他の学校運営の状況について専門的な立場から行うものである。この評価は，学校とその設置者が必要であると判断した場合に行われるもので法令上の義務はない。

2　学級経営の基本的な考え方

1　学級経営とは

　学級経営とは，「学級における教科指導や生徒指導などがより充実して行われるよう一人ひとりの児童・生徒や学級集団と教師の人間的な触れ合いを通して行われる教師のすべての教育活動」である。現在，小学校では「学級担任制」，中学・高校では「教科担任制」をとるのが一般的である。小学校において教員は，ひとつの学級を担任して学級経営にあたり，原則として全教科・領域の指導を行う。教科担任制をとる中学・高校においても，多くの教員は自分の担当する教科指導の他にひとつの学級（高校はホームルーム）を受け持ち，学級担任として学級活動や道徳等の指導を行うことによって学級を経営する。

　では，「学級」を「経営する」とはどのようなことを意味するのかを考えてみよう。学級は，学校における教育の目標の達成を目指して組織される基礎的な集団であり，生徒はそこに所属し学習活動を展開する。学級は新学年の編制当初，同一学年の生徒が教育的な配慮のもとに分けられた，まだ人間的つながりの必然性が乏しい集団（所属集団）であるが，活動を共に体験することによって，所属を喜びとするような集団（準拠集団）に変化する。これは担任教員（以下「担任」と略記する）や生徒同士の努力などによる変化であると考えられている。また，学級は学習集団と生活集団の2つの集団としての側面をもち，担任と生徒，生徒相互の人間関係，集団としてのまとまり状況によって指導の成果は大きく異なってくる。このように，学級を通して教育目標の効果的達成のために担任が行う教科指導や集団づくり，環境整備などの運営を学級経営と

いう。

　また，学級経営は担任の自主性と創意に基づく運営が期待されているが，それはいわゆる独善的な「学級王国」的経営を意味することではなく，学校経営の方針や学年経営全体と密接に関連したものでなければならない。学級は学校における組織の一部であることを共通理解し，学校全体のなかでの位置づけや他の学級・学年との関連を図ることが大切になる。また，同学年を担任する教員をはじめ，養護教諭や専科の教員などの助言を広く求めたり，保護者との連携を密にするなど，周囲と協力して学級経営を進めることが不可欠である。

2　学級経営の計画

　学級経営において，担任は実に多様な職務を担っており，その内容は多岐にわたる。しかし，職務のいずれかひとつを重視するというよりも，相互に関連させて総合的に運営することが重要となる。ここではその内容を，① 授業づくり（教育課程経営），② 学級集団づくり（集団経営），③ 教室環境づくり（環境経営），④ 学級経営上の事務等（基盤経営），の4つに大別する。

　担任は，年度当初，遅くとも5月初旬位までにこの①～③を把握し，学校教育目標の達成を目指した学級経営計画案（学級経営案）を作成する。形式は各学校で決まったものによるが，一般的には，ア）学級の教育目標及び経営の基本方針，イ）学級の実態，ウ）教科指導，エ）道徳指導，オ）特別活動指導，カ）総合的な学習の時間の指導，キ）家庭・地域との連携，ク）評価と改善等の内容で構成されている。1年間を通して，確かな学力と学級集団としての人間関係をどのように育成し，いかに高めていくか，すべての教育活動を含めて計画するのである。しかし，この計画はあくまでも案であり，計画通りに進むとは限らない。必要に応じた見直し・修正を重ね，学級の実態や実情に応じて常に工夫と試行錯誤を繰り返しながら柔軟に改善していくこと，すなわち，計画（Plan）－実践（Do）－評価（Check）－改善（Action）のマネジメント・サイクルを活用し，計画案の目標到達度を随時点検・評価，改善することが求められる。

3 学級経営の具体的な内容

1 授業づくり（教育課程経営）

　生徒にとって学校生活の大半を占めるのが学習である。学習は各教科，道徳科，特別活動，総合的な学習の時間などの授業として行われ，確かな学力，豊かな心，健やかな体といった"生きる力"（2017年『中学校学習指導要領解説総則編』）の調和のとれた育成をねらいとする。教員はこのねらいを達成するために教育課程をいかに展開するか，つまり授業づくりをいかにすればよいかを常に考え，指導にあたる必要がある。そして，担任として学級の生徒の実態やさまざまな条件等を考慮し，より有効な学習指導法を工夫していかなくてはならない。

　では，具体的な授業づくりはどのようにすればよいのだろうか。学習指導と指導過程の流れからいえば，ひとつの授業は，目標の設定，教材分析・教材づくり，動機づけ，の3つから構成される。

1）目標の設定

　学習指導においては，まず目標を設定することが重要になる。学習指導要領に記されている各教科・各学年の目標を，学校および学級の実態に合わせて分析する。それを，学期や単元，授業ごとの小さな到達目標へ設定し直していく。

2）教材分析・教材づくり

　目標設定の次は，教材分析と教材づくりである。教材分析の主な対象は教科書および副教材であり，分析の視点として学習目標に適合しているか，年間指導計画上の位置付けが適切か，授業展開と学習活動との整合性はどうかなどがあげられる。また，生徒の実態や学習目標を考慮して，新たに単元を開発し指導計画を作成する必要がある。これを教材づくり（教材開発・単元開発）という。

3）動機づけ

　さらに，学習指導に欠かせないものとして動機づけがある。動機づけが指導上重要とされるのは，その成否によって学習意欲への差が生まれるからである。

動機づけには，外発的動機づけと内発的動機づけの2つがある。外発的動機づけとは，賞罰や競争など他者からの誘因によって学習活動などを促進しようとするものであり，賞罰の代表的なものは賞賛や叱責などである。内発的動機づけとは，学習者が学びに楽しさや面白さを見出し自主的に学習することを促すことである。内発的動機づけの中心となるものは知的好奇心であるが，その他にも自己決定感，有能感，自尊感情，他者受容感などがある。これらによって学習が内発的に動機づけられたとき，学習意欲は高まり学びの意味が発見されていく。

「教員は授業で勝負する」とはよくいわれる言葉であるが，以上のような学習指導と指導過程の流れを押さえ，授業づくりに取り組みたい。担任は，生徒一人ひとりの個性・能力・適性・進路希望・家庭環境・人間関係などについて深く理解できる立場にいるので，それらに応じたきめ細かな指導をしなければならない。また，他教科担当教員とも密接な連絡や連携を取り合いながら，重要な役割を担っていることを十分意識して授業づくり（教育課程経営）にあたりたい。

2 学級集団づくり（集団経営）

1）望ましい学級風土をもつ学級集団づくり

学級は，教育目標の達成を目指し組織される基礎集団であるが，新学年の始めはさまざまな生徒の集合体にすぎない。それを調整し，望ましい人間関係を形成し，団結力の強い集団に育て上げる取り組みを担うのが担任である。担任には，担任と生徒，生徒相互が信頼し合えるような学級集団づくりに心を砕くことが求められる。

それぞれの学級にはその集団が醸し出す独自の雰囲気があり，これを「学級風土」「学級集団風土」とよぶ。学級風土とは，生徒一人ひとりの人間性を育成するために学級における共通目標を追求する過程で作られていく，学級独自の統一された気風である。学級風土は，民主的風土，支持的風土，防衛的風土，専制的風土などさまざまにネーミングされ，その状態を表現しようとする努力

がこれまでなされてきた。なぜなら，学級の雰囲気はそこにいる生徒たちの行動や考え方に直接・間接に影響を及ぼし，人間形成に大きな役割を果たしていくからである。したがって，この学級風土をどのように形成していくか，その方策を示していくことが学級経営の柱として設定されなくてはならない。

　学級の雰囲気は，担任の個性，生徒相互の人間関係，生徒と担任の人間関係，さらに教室の物的環境など，諸々の要因の総合によって形成されるもので，とりわけ担任の教育観，人間観が大きな位置を占める。その意味において，望ましい学級風土を形成するためには，①生徒の人間関係を受容的なものに，②多様な価値観を尊重し，③「開かれた学級」を志向する，などを目指す経営技術の獲得が担任には必要となる。

2）「望ましい学級」とは

　では，「望ましい学級風土」の学級とは，どのような雰囲気をもつ学級であろうか。具体的な3つの姿を押さえておきたい。

①生徒一人ひとりが安心して生活できる学級

　生徒は1日の約3分の1以上の時間を学校で生活しており，その中心となる場所が学級である。また，学級は学校生活の基盤となる集団でもある。担任が考えておくべき重要なことは，「学級を一人ひとりの生徒が安心して生活できる場」にすることである。さまざまな家庭環境で生育し，異なった個性をもつ生徒一人ひとりが大切にされる学級をつくるために，担任は細心の注意を払い計画的に学級経営に取り組まなくてはならない。

②「権利」が保障され，「義務」と「責任」が果たされている学級

　学校は，将来を担う社会人を育成する場であると同時に社会の縮図であるといえよう。社会と同様に学校においても，生徒が「権利」行使を保障されるとともに，その裏返しとして「義務」と「責任」を果たす学級集団をつくる必要がある。「しなくてはならないこと」は必ず実行し，「してはならないこと」は絶対にしない態度の育成が大原則となる。また，学級における「権利」は，自分の居場所が保障され，安全・安心に生活できることであり，「義務」は他人の人権を尊重しルールを遵守すること，「責任」は任された仕事を遂行し，自

分の行動に対する責任を果たすことである。こうした学級のなかで，自己存在感・自尊感情が育ち他者理解が深まり，望ましい人間関係や風土が育っていくのである。

③ リーダーを中心とした質の高い学級

　一般的に，リーダーには「専制的」「放任的」「民主的」リーダーの類型があるとされるが，最も望ましいのは民主的リーダーである。このようなリーダーのもとでは集団の雰囲気は親和的で目標に向かって一致団結し，集団の一員という意識が強固になる。大抵のことは話し合いで決め，各自は役割を意識し，積極的に仕事を遂行する。担任に依存することは少なく，担任の不在時にも態度に変化はない。このように，生徒の自治能力を高めさせる学級こそが質の高い学級であり，望ましい学級の姿といえるであろう。

3 教室環境づくり（環境経営）

1）物的環境の整備

　生徒が学校生活において多くの時間を過ごす教室は，安全で安心なところでなくてはならない。教室をどのように教育的に意味ある環境として整備し，運営していくかは学級経営上の大切な問題である。「教室環境は生き物である」といわれ，教室は生徒にとって学習の場だけでなく生活の場であり，場合によっては生徒の生き方をも方向づける教育的空間である。前述の言葉は，担任の教育観や指導観・資質等によって変化することを意味しており，教室環境を見れば，担任の学級経営に対する姿勢や力量が一目でわかることを表している。

　では，どのような教室環境の整備を目指せばよいのだろうか。担任は，特に次の点に留意して教室環境づくりに取り組みたい。

① 活気が感じられる明るい雰囲気で，学習意欲が育まれる環境
② 豊かな情操が育ち，かつ健康が保てる条件が満たされている環境
③ 環境構成のプロセスに生徒自身が関われる環境

　特に，③は生徒自らが収集した情報や学習成果に対し，整理・活用の機会を提供することである。実際，生徒が単独あるいは集団で作成した作品の掲示

や展示は，学級の表情が現れたものといってよく，その意味で環境構成のプロセスに生徒自身が関わっていくことの教育的意義は大きいものがある。

　また，掲示物の計画的な作成と掲示は，情報提供だけでなく意識づけや振り返りの意味でも大きな効果が期待できる。具体的には，①学級目標，②日課表・時間割，③学級組織図，④各当番表（清掃や給食など），⑤学校，学級だより，などがあげられる。掲示には教室の正面，側面，前面，背面等を工夫して活用し，マンネリにならない生きた環境づくりを創出するよう心がける必要がある。

　いずれにしても，教室環境づくりが生徒の心の安定と学習意欲の向上に繋がることが肝要であることを意識して環境経営にあたりたい。

2）人的環境の整備

　教室環境のもうひとつの側面は人的環境である。人的環境を整備するとは人間関係を育成するということであり，教育の実践にあたっては，教員と生徒，生徒相互の人間関係を良好にし，深めていくことが強く求められる。

　では，望ましい人間関係が形成されている学級とはどのような集団であろうか。それは，生徒一人ひとりの人格が尊重され個性を認め合い伸ばすことのできる集団であり，また，民主的に目指す目標や規範を設定し，協力・信頼し合える集団である。このような学級集団の構築を目指して，担任は一人ひとりを受容的・共感的・肯定的に認め，褒め・励まし・意欲をもたせ，伸ばしていかなければならない。その繰り返しや積み重ねが，望ましい学級集団形成の基礎となり，学級の雰囲気が形成されていくのである。

4　学級経営上の事務等（基盤経営）

　教員の職務には，いわゆる「学級事務」と呼ばれるものがある。それは多岐にわたるものでかなりの分量を占めており，多くは時間と手間を要する作業である。昨今，教員の事務量は増加の一途をたどっており，生徒と向き合う時間の確保を求める声や事務量の軽減を求める声は少なくない。ここでは，担任として学級経営上欠くことのできない事務内容の主なものを「学期・年間を通し

ての事務内容」として整理し，諸帳簿の整理と管理面の留意点をあげる。

学期・年間を通しての事務には，学級経営案の作成と点検・評価，週案の作成，出席簿の管理，授業時数の集計等の「教育課程」に関するもの，成績処理，成績一覧表・通知表，指導要録の作成と管理，内申書の作成等「評価」に関するもの，この他にも健康診断票の作成と管理，生徒調査票の回収と管理等「個人情報」に関するものがある。さらに学級・学年会計決算報告，学級だよりの作成，家庭との連絡等々多様な事務内容が加わる。特に年度初めや年度末には事務処理が集中するため，計画的かつ慎重に仕事を進めることが求められる。

次は諸帳簿の整理と管理における留意点である。学校には，学校教育法，同施行規則，学校保健安全法などで定められた表簿以外に学校独自のものもあり，その種類はかなり多い。なかでも，学級担任として取り扱う表簿や校務分掌上の係として扱う諸表簿については，次の点に留意して整理と保管に努める。

① 表簿の記入方法や保管，文書処理等については教頭（副校長），教務主任（主幹教諭）などの指導を受け，手順や要領を習得する。

② 表簿の所在は常に明らかにし，利用後は速やかに所定の場所に戻し，決して私物化しない。

③ 個人情報が記載された表簿など，慎重な取り扱いが求められるものについては，原則として校外への持ち出しが禁じられている。必要な場合は，決められた手続きによって許可を必ず得る。特に個人情報が記録された電子媒体は，校内の取り扱いにおいても細心の注意を払い，保管を厳重にする。

次の表は，学級事務の主な内容を一覧にしたものである。これらの内容は校種によっては多少の違いも見られるが，概要はほぼ同じである。

図表9.1　学級事務一覧

時期区分	学級事務の主な内容
1学期	指導要録・健康診断票・生徒調査票等の作成，就学援助等の調査，靴箱・ロッカー・傘立等の配分，机・椅子の点検，清掃区域の確認，学級経営案の作成，学級組織の編成，日課表などの掲示等 教科書や教材の配布など
2学期	学級組織の編成，教科書や教材の配布（後期用）など 学級経営案の点検・改善など
3学期	学級組織の編成，指導要録・指導要録抄本・卒業生台帳の作成，内申書の作成，会計決算報告，次年度の学級編制，引継ぎ諸表簿の整理，学級経営案の評価・反省など
年間	出席簿の管理，転出入生徒の表簿作成，週案の作成 通知表・成績一覧表の作成と管理，学習の記録・行動の記録の整理，学級通信の作成，家庭との連絡，面接と教育相談の実施，教室環境の整備，備品の管理など

出所）　北村文夫編『学級経営読本』玉川大学出版部，2012年，pp. 85-86を基に筆者作成

4　学校経営・学級経営と家庭，地域社会との連携・協力

1　学校経営と家庭や地域との連携・協力

　学校における教育活動を円滑に実施するうえで配慮すべきことのひとつに，家庭や地域社会との連携がある。「学校がその目的を達成するため，学校や地域の実態等に応じ，教育活動の実施に必要な人的又は物的な体制を家庭や地域の人々の協力を得ながら整えるなど，家庭や地域社会との連携及び協働を深めること。また，高齢者や異年齢の子どもなど，地域における世代を超えた交流の機会を設けること」（2017年『中学校学習指導要領』総則第5の2のア）と記されているように，学校が家庭や地域の人々とともに生徒を育てるという視点に立ち，学校だけでなく家庭，地域社会がそれぞれ本来の教育機能を発揮し，相互に連携・協力して教育を行う必要性を示したものである。さらに，教育活動の計画や実践の場面では，家庭や地域の人々の協力を得て，地域の教育資源や学習環境を一層活用していくことが必要となる。また，教育方針や目指す生徒

像，特色ある教育活動などについてわかりやすく説明し，理解や協力を求めたり，学校運営に対する意見を的確に把握して自校の教育活動に生かすことも重要である。家庭や地域からの協力を得るばかりではなく，学校として担任として協働できることは何かという視点をもって連携に取り組みたい。

2　学級経営と家庭・保護者との連携・協力

　学級経営の目標を効果的に達成するためには，担任は保護者との信頼関係を築き，それを踏まえた連携が欠かせない。保護者との信頼関係が良好に保たれていれば，たとえ問題が起きたときにも話し合いを円滑に進めることができる。ここでは，担任と保護者の連携について直接的な取り組み，間接的な取り組みを見ていく。まず，直接的な取り組みには，学級懇談会，個別面談，授業参観，学校行事，家庭訪問，地域巡回等があげられる。特に，学級懇談会，個人面談，家庭訪問は，保護者と直接顔を合わせて情報交換できる場であることから，話しやすい雰囲気づくり，和やかな場づくりが大切となる。また，個人面談，家庭訪問は，個別の話題・課題についての踏み込んだ情報交換により効果も大きいが，慎重に進めることや結論を急ぎすぎない点などで配慮を要する。

　次に間接的な取り組みとしては，学年通信や学級通信，連絡帳等があげられる。学年通信は学年情報を，学級通信は学級の様子を保護者に伝えるものであり，特に学級通信は担任からのメッセージを届ける手段として有効である。具体的には，生徒の生活の様子や成長した姿の紹介や担任の思いなどを掲載することによって，保護者は担任へ親しみを覚え，信頼を寄せるようになる。それとともに学級の友人や我が子の成長を知り，さらに学校教育への関心を高めるという効果に結びつくことが期待される。

　以上，この項では，学校経営・学級経営の基本について述べてきたが，学校経営では，これからの学校教育の改善に向けて，1つ目は，子どもたちを取り巻く環境の目まぐるしい変化の中で，それぞれの学校は校長の方針のもとに，校務分掌に基づき教職員が適切に役割を分担し，相互に連携しながら教育活動を推進すること，2つ目は各学校の特色や創意工夫を生かしたカリキュラム・

マネジメントの推進が強く求められていることを確認しておきたい。

　また，学級経営では，「担任の先生との出会いが人生の方向性を決めた」といわれることも少なくない。学級経営にあたる担任の人間性と指導力が，生徒の生き方に大きく関わるのである。担任には生徒一人ひとりの個性を認めて尊重し，すべての生徒が夢や希望を抱いて自己実現に向かえるように，学級集団を生き生きとした目標をもった準拠集団として育成すること，そして，好ましい学級の雰囲気・学級風土を醸成することが求められる。そのための指導と工夫が学級経営においては何よりも重要なこととなる。

参考文献
下村哲夫・天笠茂・成田國英編『学級経営の基礎・基本』ぎょうせい，1994年
吉田辰雄・大森正編『教職入門　教師への道』図書文化，1999年
北村文夫編『学級経営読本』玉川大学出版部，2012年
牧昌見『学校経営の基礎・基本』教育開発研究所，2013年
小島弘道・勝野正章・平井貴美代『学校づくりと学校経営』学文社，2016年

学びを深めたい人へ
唐沢勇・富田初代編『個の成長を援ける学級・ホームルーム経営』学事出版，2003年
河村茂雄『日本の学級集団と学級経営』図書文化，2010年
妹尾昌俊『思いのない学校，思いだけの学校，思いを実現する学校』学事出版，2017年

第10章
教　　員

> 　　学習活動は，学習者が教材と相互交流することによって成り立つとみることができ，極端にいえば教員を抜きにしても学習することは可能である。だが，実際の子どもの学びや人間的成長においては，大人による一定の指導や支援が必要不可欠といえる。学校教育の現場は，教員一人ひとりの創造的な努力に支えられて展開しているのである。教員は，子どもに思いを寄せながら，その学びと尊厳を尊重し，複雑化した教育課題に日々向き合っている。それでは，学校における教員の固有の役割やその職務の意義はどのような点にあるのだろうか。
> 　　このような観点から，本章では，学校教育における教員はどのような役割を果たしているのか，また教職は他の職業と比べてどのような職業的特質を有しているのか，といった問題を検討する。その際，教員養成の歴史や理想とされた教員像についても概観しながら，今日の教員のあり方をめぐる問題について考えてみたい。

1　教員という職業

　子どもの成長・発達に意図的かつ組織的に関わっているのは学校であり，そこでの教育実践として子どもの人間形成に直接関与しているのが，いうまでもなく教員である。

　ところで，ふだんわれわれが使用する「教師」と「教員」という呼称は，「教師」が教育の機能，営みに着目した用語であるのに対して，「教員」という言葉は教育を業とする職業人の総称として使用され，教育法規や行政の文書で用いられる用語である。すなわち，「教師」の役割を担う者は，教育の営みが発生する紀元前の時代からすでに存在していたのに対して，「教員」は近代国家の成立にともなって発達した近代学校制度の産物といってよい。

　それでは，近代以降の職業的教員が果たす役割とはどのようなものであるのだろうか。教員の職務内容は，授業とその前提としての教材研究を中心として，

その他学級の運営，生徒指導，進路指導，保護者との面接，学校行事の運営，部活動の指導，事務処理，職員会議をはじめとする各種会議など，多岐にわたっている。しかし，学校が子どもの学習の場として存在していることを考えると，教員の役割の中核は，子どもの人間的成長を援助する行為，言い換えれば教える，あるいは学習を指導する行為にあるということができる。子どもが学ぶ教育（学習）内容は，人類が歴史のなかで獲得してきた，自然・社会・人間に関する科学的な成果や芸術的な認識の成果であり，それは子どもの生まれながらの衝動，活動，直接の経験からは獲得できない内容を多く含んでいる。したがって，子どもは，教員の教育的営みによってはじめて，知識や論理的な認識を獲得することができるのである。

　こうして子どもの知識の習得と認識の発達を正しく導き育てるために，教員は，教科を教える「教授」活動や道徳教育や生徒指導などを含めた「訓育」を行う。すなわち，教員は子どもの学びの権利を保障し，人間的成長を援助するのである。

　さらに，このような教員の果たすべき役割の重要性について，教育基本法第9条は次のように規定している。すなわち，「法律に定める学校の教員は，自己の崇高な使命を深く自覚し，絶えず研究と修養に励み，その職責の遂行に努めなければならない」。また，同条第2項では，教員の「使命と職責の重要性にかんがみ，その身分は尊重され，待遇の適正が期せられるとともに，養成と研修の充実が図られなければならない」とされている。

　以上の規定のように，教員とは公共的使命を担う責任を社会から与えられている職業であり，自らの崇高な使命を自覚し，その職責を遂行するために絶えず自己の研鑽を重ねることが求められているのである。

　それでは，今日，教員にはどのような資質・能力が求められているのだろうか。さらに教員の資質・能力の向上のためにはどのような施策がなされ，何が課題とされているのだろうか。まずは，その問題を考える前提として，これまでの教員の歴史や時代により理想とされてきた教員像を振り返ってみよう。

2　日本の教員養成の歴史

1　師範学校での教員養成

　日本の近代的な国民教育制度は，1872年8月に公布された「学制」に始まる。学制による学校教育の実施に際して，明治政府がまず取り組まなければならない急務な課題が小学校の設置と教員養成であった。すなわち，初等教育において従来の儒学的教養を具備した寺子屋等の「師匠」にかわる近代的な知識・技術とその教授法を体得した新しい「教員」を養成することが必要であった。1885年に内閣制度が発足し，初代文部大臣森有礼の明確な方針のもとで，教員養成制度は本格的に整備されることとなる。森は学校制度の改革に着手するにあたり，当時の日本の焦眉の課題である富国強兵の最も重要な手段のひとつを教育に見出し，教員の役割を極めて重視し，その養成に細心の注意を払った。

　1886年に公布された「師範学校令」は，戦前の教員養成教育の基本的性格を定めるものであった。師範学校では，三気質（順良，信愛，威重）を備えた教員の養成のため，知識学科よりも人物養成に力を入れた。さらに学資支給制と卒業後の服務義務制を導入し，兵式体操と寄宿舎制を柱とする軍隊式教育を採用して，厳格な生活紀律で生徒の行動を管理した。こうした師範学校は，小学校教員を養成する中等教育程度の学校として存在し，学問及び教育の自由を制限し，できる限り生徒の主体的判断を排し，国家の要請に基づいて場・状況に適切に反応できる「人物」（教員）の育成を目指したのであった。

　戦前の教員養成教育は，こうした師範学校制度のもとで行われ，教員は国家意志の忠実な伝達者としての役割を果たすことが求められ，視野の狭い，融通のきかない，画一的な教授しかできない，いわゆる「師範タイプ」と批判される教員を生み出したのである。

2　戦後の開放制教員養成への転換

　戦後日本の教員養成制度は，師範学校を中核とした戦前の制度に対する批判と反省に立って出発した。1946年3月のアメリカ教育使節団報告書，同年8月

以降の教育刷新委員会での論議を経て，1947年に教育基本法と学校教育法が制定され，個人の確立を中核とする民主的な教育目的とそれを実現するための学校教育制度が確立された。そして，民主教育を担う教員の養成も，戦前とは根本的に異なる理念と制度に改革されることとなった。戦後の教育改革のなかで，教員養成については抜本的な改革が行われ，すべての教員は原則として新制の大学において養成することとなったのである。すなわち，戦前の師範学校のような閉鎖的な，特別な機関で教員養成を行うのではなく，高等教育機関である大学で教員養成を行うこととした。その根底には，大学における幅広い一般教養と高度な学問性に裏づけられた専門教育によって自由で創造的な教育学的精神に導かれる教員を養成しようとする理念が込められていた。

1949年には，教育職員免許法が公布され，学校種別ごとに教員資格が示された。この法律により，教員の「免許状主義」が確立し，教員資格は免許状を保有する者だけに付与されることとなった。こうして，一定の要件を満たせばすべての大学・学部が教職課程を設置することができ，所定の単位を修得した者には教員免許状が授与されるという「免許状授与の開放制」が成立した。教育職員免許法改正により，履修要件の引き上げや弾力化はあったものの，今日においても「大学における教員養成」と「免許状授与の開放制」という2大原則は維持されている。

3　多様な教員像

1　教員像の類型

「理想的」な教員像については，今日に至るまで繰り返し議論されている。日本の教員の歴史においても，教員像は各時代の社会的事情のもとで形成され発展しながら，今日の教職観のなかにも多様な形で反映されている。本節では，長い間議論されてきた教員像の類型について考えてみたい。

1）聖職者としての教員像

日本では江戸時代に庶民の教育機関として寺子屋があったが，その「師匠」

は必ずしも報酬を求めず，師は人の道を教える者としての威厳と子弟に対する厳格な態度とをもつべきものとされた。学制によって近代学校が成立しても，この伝統は継承される。しかし，こうした教員を聖職者ととらえる教員像を明確な形で提示したのは明治政府であった。師範学校の整備と発展によって，さらには諸政策によって教員には聖職者意識を醸成させていくのである。

明治政府は，「小学校教員心得」（1881年）などで教員のあるべき姿を明確に示し，同「心得」では小学校教員の守るべき心得を次のように説いた。すなわち教員は「殊ニ道徳ノ教育ニ力ヲ用ヒ，生徒ヲシテ，皇室ニ忠ニシテ国家ヲ愛」する「志気ヲ振起」すべき任務を負っているのであり，常に「模範」となり「生徒ヲシテ徳性ニ薫染シ善行ニ感化」させることに勤めるべきとされた。すなわち，知育よりも徳育の重要性が，さらには教員の道徳性が強調されたのであった。そして，先に触れたように「師範学校令」（1886年）による「順良・信愛・威重」の三気質を備えた命令に従順で権威主義的な「師範タイプ」と称される教員像が描き出され，定着していった。

こうした教員に対する施策から，教員は清貧に甘んじ，献身的な奉仕に加えて，その社会性や政治性は否定され，天皇制を普及・徹底させる役割を要求された。1890年に「教育勅語」が公布されると，それはさらに強化され，忠良な臣民を育成する使命が教職に与えられ，聖職者的献身の意識をもつことが強要されてくる。こうして「師範タイプ」の教員像と相まって聖職者としての教員像が形成され展開されていった。

2）労働者としての教員像

1900年代に入り，明治の国家主義的教育に対する批判や大正デモクラシーという民衆を重んずる思想を中核とした改革運動・労働運動の高まりのなかで，教員の生活権擁護の意識が高まった。そこで教員は労働者であるとの意識のもと1919年に「啓明会」という教員団体が結成された。啓明会は，教育者の「職分的自覚」を強調し，教員組合運動を展開した。しかし，組織体としての活動は，大きな発展を見せず，衰退していった。

戦後，こうした教育労働者運動を継承して，1947年に教員の労働組合として

日本教職員組合（日教組）が結成された。日教組は1951年に10項目にわたる「教師の倫理綱領」を発表し，翌年に可決・採択し，その第8項目で「教師は労働者である」と宣言した。このような労働者としての教員像は，聖職者としての教員像に対抗する教員像であった。

3）専門職としての教員像

1966年にILOとユネスコが共同で作成し，ユネスコ特別政府間会議で採決された「教員の地位に関する勧告」は教職を専門職と規定し，以後教職専門職論が活発に議論される端緒を開いた。この勧告は，教員の労働者としての諸権利を前提としながら，その第6項で教職という職業は「厳しい，継続的な研究を経て獲得され，維持される専門的知識および特別な技術を教員に要求する公共的業務の一種である」と規定したのである。すなわち，教職は一定の資格と能力および資質によって裏付けられた専門職であり，そのための「専門知識および特別な技術」を獲得するための教員養成の水準が確保されるとともに，その専門的知識，技能を維持発展させるための現職教育が保障されなければならないとされた。こうして教員は専門職性と労働者性を統一すべきだとする教職論が展開されるようになり，さらに教員はどこまで専門職であるのかという論議も起こった。

今日においても教員に専門職としての自律性や自由を付与し，教職の専門性の確立に向けた教員養成や現職研修に関わる政策が課題とされている。

4　教員の身分・職務・研修

これまで，教員の養成制度や教員像の類型を歴史的に概観してきたが，本節と次節では今日における教員に関する法律の規定と教員政策の動向，さらに教員の資質・能力について考えてみたい。

戦後の教員について考える場合，日本国憲法における教育関係の諸規定（第20条，第26条，第89条）の諸原則を踏まえることが重要である。また教員に関する法制度についても，教育基本法，学校教育法，地方教育行政の組織及び運

営に関する法律，教育職員免許法，教育公務員特例法などがあり，多岐にわたっていることを確認する必要がある。

ここでは，公立学校の教員を念頭におきながら，身分・服務・研修についての法規を概観し，その基本理念と現状の理解を深めることにする。

1 教員における服務の根本基準

教員は公務員としての立場で，その分限，懲戒などについて公正でなければならず，また法律に定める事由による場合以外は，その意に反して降任，休職，免職などがなされないように，身分が保障されている。公立学校の教員は，地方公務員としての身分を有し，公務員について規定された法規が適用される。

教員の服務については日本国憲法第15条第2項において，「すべて公務員は，全体の奉仕者であって，一部の奉仕者ではない」と定められており，この規定は，教員の服務の根本基準と称されるものである。また先にも触れた教育基本法第9条および地方公務員法第30条で規定しているように，教員は教育という社会的営みを通して公共の利益のために勤務することが定められている。

教員の職務上の義務は地方公務員法に定められており，上記の服務の根本基準に基づき，「職務上の義務」と，「身分上の義務」に分かれている。以下，同法で公務員の服務に関して定めた条項を列挙してみよう。まず「職務上の義務」としては，①服務の宣誓（地方公務員法第31条），②法令等及び上司の職務上の命令に従う義務（同法第32条），③職務に専念する義務（同法第35条）があげられる。なお，この第35条は，いわゆる「職務専念義務」とされるものであるが，後述するように教員には職務専念義務の免除規定がある。続いて，「身分上の義務」としては，④信用失墜行為の禁止（同法第33条），⑤秘密を守る義務（同法第34条），⑥政治的行為の制限（同法第36条・「政治的行為の制限」国家公務員法第102条），⑦争議行為等の禁止（同法第37条），⑧営利企業等の従事制限（同法第38条・「兼職及び他の事業等の従事」教育公務員特例法第17条）があげられる。教員は職務上知りえた児童・生徒の情報をみだりに口外してはならないし，アルバイトなどをすることも法律で禁じられているのである。

ただし地方公務員法によるこれらの規定は，地方公務員全般について定められているものであるが，教員はその職務の特殊性から教育公務員特例法において，⑥政治的行為の制限，⑧兼職及び他の事業等の従事など，特例が定められている。すなわち，同法第18条第1項では，「公立学校の教育公務員の政治的行為の制限については，当分の間，地方公務員法第36条の規定にかかわらず，国家公務員の例による」とあり，公教育に携わる職務の性格上，他の地方公務員に比べ，強い制限が加えられている。

2 教員の権利としての研修

教員はその職務の性格上，絶えず研究と修養（あわせて「研修」と呼ばれる）に励むことが法令上の義務とされ，一般公務員の研修とは異なる特別な法制上の定めがある。教員の研修については，教育公務員特例法第21条で「教育公務員は，その職責を遂行するために，絶えず研究と修養に努めなければならない」。さらに同法第22条では「研修を受ける機会が与えられなければならない」と規定されている。また，同条第2項では「授業に支障のない限り，本属長の承認を受けて，勤務場所を離れて研修」すること，同条第3項では「現職のままで，長期にわたる研修」が可能であることも規定されている。

次に，研修の種類を実施主体から見た場合，文部科学省や教育委員会などが行う「行政研修」，学校が行う「校内研修」，教員自らが行う「自主研修」がある。さらに研修を経験年数や専門分野から見た場合，「初任者研修」「10年経験者研修」などや「各教科等研修」「学校経営研修」などがある。さらには，インフォーマルな取り組みとしての自主的研究サークルや民間教育研究団体による研究や交流なども大きな役割をはたしていることも注目される。

以上，教員をめぐる法令上の規定について，一部を概観したが，いずれも教育という営みの重要性と特殊性，それに教員の仕事の特性を基盤にして成立している点に留意しておきたい。

5　これからの教員をめぐる動向と課題

　近年の教育改革のなかで教員の資質・能力の向上は焦眉の課題とされている。2006年の中央教育審議会（以後「中教審」と略す）答申「今後の教員養成・免許制度の在り方について」では，教員養成から任用，研修までに及ぶ内容が提起された。これに基づいて法令改正が行われ，教職大学院の新設や教員免許更新制が実施された。

1　求められる資質・能力

　今日，教員の資質・能力向上に係る教員政策の中心になっているのは，教員養成の改革である。それは学部段階の養成，現職教員の研修など，教員の生涯にわたるものとなっている。ところで，教員の資質・能力とはどのようなものが考えられるのだろうか。

　教員の職務に求められる資質・能力としては，2012年の中教審答申「教職生活の全体を通じた教員の資質能力の総合的な向上方策について」によって，以下の3つの力があげられている。

① 教職に対する責任感，探究力，教職生活全体を通じて自主的に学び続ける力（使命感や責任感，教育的愛情）
② 専門職としての高度な知識・技能
　• 教科や教職に関する高度な専門的知識（グローバル化，情報化，特別支援教育その他の新たな課題に対応できる知識・技能を含む）
　• 新たな学びを展開できる実践的指導力（基礎的・基本的な知識・技能の習得に加えて思考力・判断力・表現力等を育成するため，知識・技能を活用する学習活動や課題探究型の学習，協働的学びなどをデザインできる指導力）
　• 教科指導，生徒指導，学級経営等を的確に実践できる力
③ 総合的な人間力（豊かな人間性や社会性，コミュニケーション力，同僚とチームで対応する力，地域や社会の多様な組織等と連携・協働できる力）

　このように中教審答申であげられた事項から教員に求められている資質・能

力をみると，総合的な人間力，教職に関する教育的愛情や使命感，または専門的な知識や技術に関する十分な理解力であることがわかる。さらに教育実践を豊かにするために絶えず学び続ける力が求められている。すなわち，教員は，先に触れた教育基本法の規定にあるように教育という公共的使命を担いながら，グローバリゼーションのもとで高度知識社会や多文化共生社会への対応にともない，専門職として，教育実践を豊かにするために絶えず学び続ける「学びの専門家」であることが求められているといえよう。

2 「教職実践演習」の導入と「教職大学院」の設置

こうした教員の資質・能力向上のために養成段階では，カリキュラムの改善・充実のための「教職実践演習」（2010年度の大学入学者から適用）の導入が行われている。また，高度専門職としての教員養成を行う「教職大学院」制度が設けられた。教職大学院は，2008年度に19大学でスタートし，2018年現在では54大学（国立47大学・私立7大学）に設置されている。さらには，10年に1度の免許状更新講習を修了することを義務づける「教員免許更新制」が2009年4月から開始されている。

このような教員政策は教職の専門職化を標榜し，養成教育と現職教育の改革により，養成教育を大学院段階にまで拡充し，生涯学習によって教職の専門職性を向上させようとするものである。

3 教職の専門職性──専門家としての教員

最後に，教員に求められている「学びの専門家」とは，どのような特質をもつのだろうか，またそのような教員の専門職性を向上させるための課題について具体的に考えてみたい。

近年，専門家の特質をとらえる際に新たな議論が生まれている。それは，アメリカの哲学者ドナルド・ショーンが示した「反省的実践家（reflective practitioner）」という専門家像である。ショーンは，既存の知識体系だけでは対処しきれない不安定で不確実な現実のなかで，「行為の中の省察（reflection in action)」を繰り返すことで，新たな知識や状況を生み出し専門的資質を高めるという専門家像を提起した。

佐藤学は，ショーンの主張によりながら，教員の専門職性を「反省的実践家」としてとらえ，「反省的実践家としての教師」は，子どもたちが生きる複雑な問題状況のなかで，活動の意味と可能性を洞察し省察しながら，自らの実践を反省するという「活動過程における反省的思考」を展開して，親や同僚や他の専門家と協力して，より複雑で複合的な価値の実現をはかるものである，と主張している。

こうした「反省的実践家」という専門家の特質は，これからの教員に求められる専門家としての特質を的確に表しているといえるだろう。そして，この専門家としての教員の資質・能力向上のためには，研究・教育実践の自由と学校の「自主性・自律性」の確立，さらには教員が協同し成長し合う「同僚性（collegiality）」の構築が課題として必要であろう。

こうして教職の専門職化に不可欠な広範な自律性が保障されているうえで，教員は「学びの専門家」として，自らの実践を反省し学び続けていくことが求められているのである。

参考文献

吉田昇・長尾十三二・柴田義松編『教育原理』有斐閣，1980年
稲垣忠彦・久冨善之編『日本の教師文化』東京大学出版会，1994年
秋田喜代美・佐藤学編『新しい時代の教職入門』有斐閣，2006年
髙橋陽一編『新しい教師論』武蔵野美術大学出版局，2014年

学びを深めたい人へ

浜田陽太郎・石川松太郎・寺﨑昌男編『近代日本教育の記録』（上・中・下）日本放送出版協会，1978年
佐藤学『教師というアポリア―反省的実践へ』世織書房，1997年
ショーン, D. 著，佐藤学・秋田喜代美訳『専門家の知恵―反省的実践家は行為しながら考える』ゆみる出版，2001年

第11章
教育制度

　今日の社会においては，教育を受ける権利が保障されており，この教育を受ける権利を保障するための制度として，世界の国々で公教育制度が確立されている。それでは，公教育制度はどのような理念で成立し，どのような特徴をもっているのだろうか。また，私たちが学んでいる学校の制度はどのような理論から成り立ち，さらには各国の学校制度はどのように体系づけられているのだろうか。
　本章では，第1に，教育を受ける権利を基盤とした公教育の意義やその組織原理である義務制・無償制・中立性について考える。第2に，日本の現行の学校制度はどのような特色があるかを検討する。第3に，諸外国の教育制度を概観し，学校制度の多様性を確認する。最後に，教育制度をめぐる今後の課題を提示する。

1　公教育

1　公教育の定義

　本来，教育は私的な人間形成のための営みであり，家庭や部族，私塾などで行われていた。しかし，文明が進歩するにつれて教育は組織化・長期化し，集中的に，継続的に行われるようになった。特に，近代以降の国民国家の発展過程では，国民全体を対象とする体系的で組織的な教育制度が設けられるようになった。現代では，教育を受けることが国民の権利として承認され，それを実現するために公教育制度が整備されている。公教育の今日的な意義は，基本的人権としての教育を受ける権利の保障を実現するために，公共の責任においてすべての国民に対して等しく教育の機会を提供することにある。
　ここでいう「公」とは，公に定められた制度に組み入れられ，公共的性格をもつという意味であり，設置者もしくは運営団体が必ずしも国や地方公共団体に限られるということではない。日本における私立学校は，法令に基づいて設置され，公の監督を受けて公に定められた学校制度のなかにあるため，公教育

機関として位置づけられている。

2 公教育制度の歴史

　学校は，古代ギリシャ・古代ローマで「市民」に対する教育から始まる。古代国家では，学校教育の対象はごく一部の貴族や特権階級に限られていた。11世紀にイタリアにおいて大学が誕生し，その後大学はヨーロッパを中心に発展していく。大学に入るためにはラテン語の習得が必要不可欠となり，ラテン語を教える大学入学準備機関が誕生する。そもそも，大学に入学できるのは一部の階層だけであったため，これはエリート養成の系統として位置づけられる。一方，エリート養成とは異なる学校系統として庶民の学校が誕生する。庶民の学校は，12～13世紀から商業活動の隆盛にともなって読み書きや計算能力が庶民にも必要になったこと，そして16世紀のルター（M. Luther, 1483-1546）の宗教改革によって庶民が母国語で聖書を読む必要性が説かれたことなどを背景に登場した。

　絶対王政の時代には，国王は宗教的支配を退けながら，臣民の教育を手中におさめようとした。その代表的な例がプロイセンのフリードリヒ2世（Friedrich Ⅱ., 1712-1786）であり，彼は1763年に「地方学事通則」を通達し，保護者に対して，5歳から13歳～14歳までのすべての子どもを就学させる義務を負わせた。ここでは，キリスト教の重要な事項を理解し，読み書きや問答ができるまで就学させたが，そのねらいは国家と国王に忠誠を尽くす下士官や国民の育成にあり，いわば富国強兵策の一端でもあった。このように，16，17世紀に公教育の原型ともいえる学校の設立がみられたが，これらは今日の私たちが考える公教育の学校ではなかった。

　19世紀半ばから末にかけての欧米先進諸国では，中世の封建的な価値観を否定し，公権力の下に国民全体を対象とする近代公教育が成立した。このような公教育制度を成立させた要因として，近代ナショナリズムの台頭，ヒューマニズム思想に基づく市民社会の成立，産業革命の進展などをあげることができる。このようにして，国家による教育が公教育であるという概念が成立し，教育は

公的なものであるという思想へと転換した。当初は国家目的に奉仕する国民の育成を目指す公教育制度が中心であったが，次第に国民の個人の育成，つまり，個人の知性，感性，道徳心や体力等を育成する公教育へと展開していった。

今日では，国民の教育を受ける権利の実現を根底として，国の責任で個人の福祉と公共の福祉の両立を目指した公教育制度が運営されている。

日本においても，1872年に欧米の教育制度を模範とする「学制」が公布され，近代学校制度が導入されたが，義務・無償などの原則に基づく公教育制度が確立したのはおおよそ1900年であった（日本の公教育制度の歴史については，第14章を参照）。

3　公教育の3原則

公教育と称される教育制度は，子どもの「教育を受ける権利」を保障し，彼らの発達を支えるため，義務制，無償制，中立性という基本的性格をもっている。これらを公教育の3原則という。

1）義 務 制

公教育における義務制とは，保護者に対して，その子どもに「教育を受けさせる義務」を負わせ，すべての国民が教育を受けることができるようにするという原則である。保護者には就学義務が，後述するように地方公共団体には学校設置義務が，国には教育奨励義務が課されている。さらには，子どもを雇用する使用者にはその就学を妨げてはならないという避止義務が課される。

義務教育には，大別して課程主義の義務教育と年限主義の義務教育とがある。その成立過程をみると，課程主義の義務教育は，民衆に特定の価値観，教養を授けることを目的とし，一定の学力に達するまで就学を義務づけるものであった。就学の終期は年齢でも在学年数でもなく，学力達成度により判定される。このような考えは，既述したフリードリヒ2世が唱えた公教育のあり方であり，国家的立場から成立した義務教育といえる。一方，年限主義の義務教育は，人間は教育を受ける権利をもつという考えを基盤とし，これを保障するために保護者に子どもを就学させる義務を課すというものであり，人権主義に基づく義

務教育といえる。現在，多くの国々で年限主義に基づく義務教育が行われており，現在の日本の義務教育もこの考えに立脚している。

2）無償制

公教育の無償制とは，義務教育にかかる費用を公費によって負担することで，無償で義務教育を受けることができるようにするという原則である。家庭が貧困であることを理由として学校に就学できない子どもにも，教育を受ける権利を保障すべきとする考えに基づき，その権利を経済的に保障しようとするものである。憲法第26条では，義務教育を無償とすることが定められている。

このため，国には義務教育を実施する学校を設置する義務（学校設置義務）が課され，国はその運営に関わる費用を負担する。さらに，国は授業料無償化や経済的に就学が困難な子どもへの援助によって，すべての子どもの就学を実現しなくてはならない。これを国の就学保障義務という。

義務制成立の基盤には課程主義と年限主義があると述べたが，無償制についてもほぼ同様の流れがあり，歴史的には国家的立場から国民に恩恵的に無償とする思想から，権利を保障する自由権的立場へと推移した。さらには，20世紀には人間的生存を保障するための社会権的立場からの無償思想が生じ，今日ではこの考えから無償制が設けられている。

無償制では，その対象をどの範囲まで拡大するかが基本的な課題である。無償化の範囲は大きく，① 不完全無償制と ② 完全無償制の2つに分類できる。不完全無償制には，① 義務教育の授業料のみを無償とする，② 義務教育の授業料および教科書など教育上必要なものを無償とする，③ 義務教育を含め，中等教育までの授業料を無償とする，などがある。一方，完全無償制は，高等教育を含め全学校段階にわたって授業料および教育上，費用を要する主要なものについて無償とする。現在の日本における無償制の範囲は不完全無償制の ② の型をとっている。

上述したように，義務制と無償制は教育を受ける権利を保障するシステムといえるが，これらは教育の機会均等という側面からも考えることができる。教育の機会均等は，人種や性別，信条，社会的・経済的地位や出自などによって

差別されることなく，等しく教育を受ける機会が保障されることをいう。教育基本法第4条は，教育機会への参加における公平さを保つこと，そのために教育条件の整備，拡充が行われることを要請する。

学校教育では，実際に授業料以外でも多くの費用を負担することが必要である。このため，教育基本法第4条第3項では，能力があるにもかかわらず経済的理由によって就学が困難な人に対し，就学の措置を講ずるよう国や地方公共団体に義務づけている。また，学校教育法第19条では，経済的理由によって学校で教育を受けることが難しい児童や生徒の保護者に対し必要な援助を与えるよう市町村に義務づけている。

3）中立性

公教育の中立性とは，教育が政治的・宗教的勢力の影響を受けずに独立して行われ，特定の党派・宗派に偏った教育をしてはならないという原則である。公教育に中立性が要求されるのは，次の理由による。① 公教育は，その公共性から子どもたちを特定の価値観に偏向させる権限を持ち得ないこと，② 民主主義社会においては多様な価値観，思想・信条が共存しており，それぞれが尊重されなければならないこと，③「教育を受ける権利」を享受する子どもたちおよびその義務を負う保護者に対して思想・信条の自由を尊重しなければならないこと，などである。さらに，教育の中立性を実現するために，教員はその立場を利用して，特定の思想・信条に基づいた教育活動を行うことが制約される（「教員の中立性」）。教育の中立性についての法律的規定としては，教育基本法が「政治的中立」（第14条），「宗教的中立」（第15条），「教育行政の中立」（第16条）を定めている。

2　現行の学校教育制度

1　学校体系

各種の学校を相互に関係づけ，全体としてひとつに統合したものが学校体系である。一般に，異なる学校段階は一定の資格要件を充たした者を進学させるという方法で接合される。資格要件としては，年齢，課程の修了，一定水準以

上の能力・適性がある。学校の系統間，種別間の接合のしかたによって，学校体系のタイプは，大きく複線型・分岐型・単線型の3つに類型化される。

複線型は，複数の学校系統が相互のつながりをもたないまま，独立して併存している学校体系であり，この学校体系は伝統的な社会階層組織が根強かった西欧諸国で成立した。各学校系統間のインテグレーションが考慮されていないため，異なる学校系統間の相互移動が原則的に不可能である。これは，若い世代をエリート層と大衆層とに分けて教育するものであり，階級差のある社会の統治を容易にし，支配秩序を安定させ，その維持に貢献する学校体系ともいえる。このタイプのもとでは，教育の機会は不均等になり，すべての人に教育を受ける権利を保障することは困難である。

分岐型は，学校系統の基礎部分となる教育段階はひとつに統合されているが，ある教育段階以上になると目的別に複数の学校が併存している学校体系である。分岐型は，若い世代に共通の経験をもたせ社会の基本的な価値を享有させた上でエリートおよび中堅的職業人を特別に養成するという点で，効果をあげることのできる学校体系である。しかし，教育を受ける権利の十分な保障，機会均等の実現という点からみれば，これは限界がある。

単線型は，教育の機会均等の原則を徹底した民主的な学校体系であり，アメリカにおいて発達した。すべての国民が同じように初等・中等・高等の各段階を進んでいくことから，「梯子システム」とも呼ばれる。アメリカの強い影響を受けた日本の戦後教育改革においては，単線型の学校体系を形成していった。単線型学校体系とは，社会的身分や経済的地位等に関わりなく，すべての国民が同一の系統に属する学校で平等に教育を受ける仕組みである。

2 日本の学校教育

戦後の日本の学校は，法制上の扱いの違いにより，「法律に定める学校」「専修学校・各種学校」「学校教育法以外の法律に規定されるもの」の3種類に区分される。

法律に定める学校は，学校教育法第1条において，学校とは「幼稚園，小学

校，中学校，義務教育学校，高等学校，中等教育学校，特別支援学校，大学及び高等専門学校」と規定されている。これらの学校をいわゆる「一条校」という。

専修学校・各種学校は，学校教育法に規定されているが，一条校には含まれていない。専修学校は，学校教育法において「職業若しくは実際生活に必要な

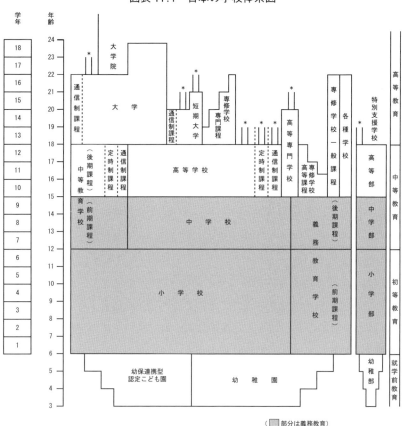

図表11.1　日本の学校体系図

(注) 1. ＊印は専攻科を示す。
　　2. 高等学校，中等教育学校後期課程，大学，短期大学，特別支援学校高等部には修業年限1年以上の別科を置くことができる。
　　3. 幼保連携型認定こども園は，学校かつ児童福祉施設であり0〜2歳児も入園することができる。
　　4. 専修学校の一般課程と各種学校については年齢や入学資格を一律に定めていない。

出所）　文部科学省「諸外国の教育統計」平成30（2018）年版

能力を育成し，又は教養の向上を図る」ことを目的とする学校と規定され，職業教育や専門的な技術教育を行っている。その教育課程は，中学校卒業者等を対象とする高等課程（高等専修学校），高校卒業者等を対象とする専門課程（専門学校），学歴や年齢を問わない一般課程（専修学校一般課程）の3種に分類される。また，専修学校の教育内容は，工業，農業，医療，衛生，教育・社会福祉，商業実務，服飾・家政，文化・教養の8分野からなる。

各種学校は，一条校および専修学校以外で，学校教育に類する教育を行う教育施設を指す。職業や実際生活に役立つ知識・技能の習得を目的とし，カリキュラムや教育水準，教員組織，学科編成などにおいて多種多様なもの（たとえば，服飾・料理系，看護系，事務系，工業系，語学系，外国人学校など）が存在する。

さらに，学校教育法以外の法律により規定されている施設もある。たとえば，保育所，認定こども園，防衛大学校などがその例としてあげられる。

3 就学前教育制度

現在の就学前教育制度では，これまでの幼稚園，保育所に加えて，2015年に始まった「子ども・子育て支援新制度」による（幼保連携型）認定こども園が認可施設となっている。

その内，学校の法的性格をもつ幼稚園は，「幼児を保育し，幼児の健やかな成長のために適当な環境を与えて，その心身の発達を助長する」（学校教育法第22条）ことを目的としている。幼稚園は国や地方公共団体，学校法人などがその設置を認められており，私立幼稚園がもっとも多い。幼稚園の教育週数は39週以上，教育時間は原則1日4時間が標準とされている。

4 初等・中等教育制度

小学校は，初等教育段階に位置づけられる学校である。ここでは「心身の発達に応じて，義務教育として行われる普通教育のうち基礎的なものを施す」（学校教育法第29条）ことを目的とした教育が行われている。

中等教育は前期と後期に区分できるが，そのうち前期を対象とするのが中学

校である。第二次世界大戦後,中学校は小学校に続く3年制の義務教育機関と位置づけられ,市町村にその設置義務が課せられた。中学校の教育目的は「小学校における教育の基礎の上に,心身の発達に応じて,義務教育として行われる普通教育を施す」(同法第45条)ことにある。

　高等学校は後期中等教育機関であり,全日制の課程のほかに定時制,通信制の課程がある。教育の目的は,「中学校における教育の基礎の上に,心身の発達及び進路に応じて,高度な普通教育及び専門教育を施す」(同法第50条)ことにある。

　ところで,現在高等学校において,生徒の多様な能力や関心,進路希望等に対応し,特色ある学校・学科や,選択中心のカリキュラム編成の推進など,個性化・多様化が進められている。また,単位制高等学校の導入も,高等学校教育の個性化・多様化の典型例である。一方,中等教育の一層の多様化を推進し,生徒一人ひとりの個性をより重視した教育を実現するため,1999年度から中高一貫教育を行う中高一貫教育校が導入されている。中高一貫教育校には,①中等教育学校,②併設型,③連携型,の3形態がある。また中等教育学校は,ひとつの学校において,中学校と高等学校の課程を一体的に編成するなど,中高一貫教育を行うものである。中等教育学校は,2018年10月現在,53校設置されている。

　一方,2005年より小学校と中学校の連携・接続の在り方が検討され,2016年4月に「義務教育学校」が制度化された。そのねらいは,義務教育の継続性の確保,教育課程への柔軟な対応,教員の指導力向上,学校教育の質的向上を図っていくことにある。義務教育学校の創設は,地域の実情や児童生徒の実態などさまざまな要素を総合的に勘案して設置者が主体的に判断する。義務教育学校は,2018年10月現在,82校が設置されている。一方で,9年一貫することで人間関係の固定化や閉塞感などを危惧する見方もある。

5　高等教育制度

　大学は,修業年限4年(医・歯・薬・獣医学部6年)の高等教育機関で,「学

術の中心として，広く知識を授けるとともに，深く専門の学芸を教授研究し，知的，道徳的及び応用的能力を展開させること」（学校教育法第83条）を目的としている。

短期大学は，大学の一種として1950年に暫定措置として発足し，1964年の法改正により恒久的な制度となった。短期大学の目的は，「深く専門の学芸を教授研究し，職業又は実際生活に必要な能力を育成すること」（同法第108条）にある。修業年限は，2年または3年である。

大学，短大への進学率についてみると，1966年に25％であったものが，1975年には43％に達し，2018年には57.9％に上っている。18歳人口の55％以上が大学（短大も含む）に進学を希望しており，ほぼ50％が実際に進学している。また，高等学校等への進学率は，1954年には50％であったが，1974年には90％台に上り，1991年には95％を超え，2005年には97.6％に達している。

高等専門学校は，「深く専門の学芸を教授し，職業に必要な能力を育成すること」（同法第115条）を目的とした，実践的技術者を養成する高等教育機関で

図表11.2　過年度卒業者を含めた進学率（就学率）の推移

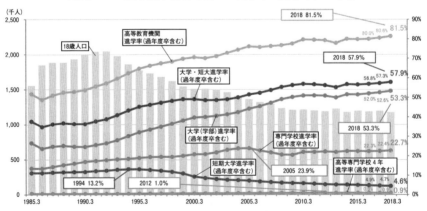

(注) 1　$\dfrac{\text{高等教育機関進学率（就学率）}}{\text{（過年度卒を含む）}} = \dfrac{\text{大学・短期大学入学者，高等専門学校4年在学者及び専門学校入学者}}{\text{18歳人口（3年前の中学校卒業者及び中等教育学校前期課程修了者）}}$

2　$\dfrac{\text{大学(学部)進学率（就学率）}}{\text{（過年度卒を含む）}} = \dfrac{\text{大学(学部)の入学者}}{\text{18歳人口（3年前の中学校卒業者及び中等教育学校前期課程修了者）}}$

出所　文部科学省「平成30年度学校基本調査」

ある。高等専門学校へ入学できる者は，高等学校と同じく中学校卒業生等であり，中学校卒業後に5年間の一貫教育が行われる。

6 特別支援教育制度

特別支援教育は，特別支援学校，特別支援学級，通級による指導を中心として展開されている。特別支援学校は，視覚障害者，聴覚障害者，知的障害者，肢体不自由者または病弱者に対して，幼稚園，小学校，中学校または高等学校に準ずる教育を施すとともに，障害による学習上または生活上の困難を克服し自立を図るために必要な知識技能を授けることを目的としている。（同法第72条）。特別支援学校は，2018年10月現在，全国に1,141校設置されている。

3　外国の学校制度

現代の学校制度は，基本的には，それぞれの国ごとに，その歴史的・社会的背景を基盤として成立してきた。その一方で，各国の学校制度は，多くの現代的な基本原理や規定要因の影響を受けている。本節では，諸外国の教育制度の概要とその成り立ちを考えてみよう。

1 アメリカ合衆国の学校制度

アメリカ合衆国の学校制度は，州によって異なっているが，義務教育に関しては，年限は8年から12年の範囲となっており，9年制の州が多い。初等・中等教育の期間は12年間であり，6・3・3制，5・2・4制，8・4制など，州によって学校段階区分が異なっている。

最近の傾向としては，伝統的な8・4制，6・4制，および6・3・3制に対する批判として，5・3・4制または4・4・4制を採用する学区が増加している。

高等教育機関も，大別すれば，①研究志向型の総合大学および専門大学，②教養型のリベラル・アーツ・カレッジ，③地域大学と呼ばれる主として2

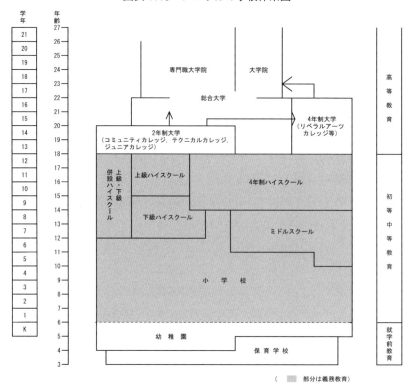

図表 11.3　アメリカの学校体系図

出所）文部科学省「諸外国の教育統計」平成30（2018）年版

年制の短期大学の3つに分類できる。

2　イギリスの学校制度

　イギリスでは，1870年の初等教育法によって，公教育制度が成立した。この法律は公立学校が十分に整備されていない地域に公立小学校の設置を義務づけるものであった。

　第二次世界大戦後，「すべての人に中等教育を」のスローガンのもと，初等教育に接続する学校段階で，生徒の進路や適性等に対応した，異なる教育目的を掲げた学校種，すなわち3分岐型の中等教育制度が成立した。具体的には，

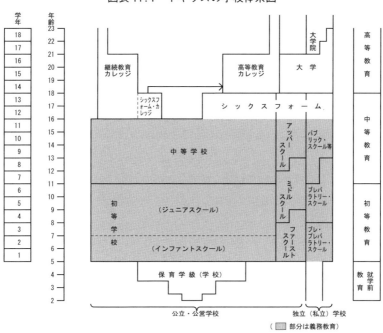

図表11.4 イギリスの学校体系図

出所）文部科学省「諸外国の教育統計」平成30（2018）年版

　基礎学校修了後は「グラマー・スクール」（大学への進学資格を得ることができる学校で学問的なカリキュラムを中心とする），「テクニカル・スクール」（応用科学や学術，専門的職業教育を中心とする），「モダン・スクール」（実際の生活に根ざした職業技術や実践的カリキュラムを中心として，直接の大学進学資格は得られない）のいずれかの中等教育機関に進学する形になっていた。
　1970年代には，分岐型の中等教育制度に対する反省がおこり，3種の学校の格差を廃止するための総合制学校＝コンプリヘンシブ・スクール創設運動がみられ，次第に普及していくことになる。

3 ドイツの学校制度

ドイツは16州から構成される連邦国家で，教育については基本的に各州が権限をもっており，連邦の権限は高等教育の一部等に限定されている。教育制度も各州によって異なっているが，基本的な制度は以下のようである。初等教育に接続する学校段階で，生徒の進路や適性等に対応した異なる教育目的を掲げた学校種が3つ設けられている，3分岐型の中等教育制度である。具体的には，義務教育年限は9年ないし10年で，基礎学校修了後はギムナジウム，ハウプト・シューレ（基幹学校），レアル・シュール（実科学校）のいずれかの中等教育機関に進学する形になっている。ギムナジウム修了時に受験するアビトゥアに合格すると大学入学資格を取得し，定員を上回らない場合には無試験で大学に入学できる。

図表11.5　ドイツの学校体系図

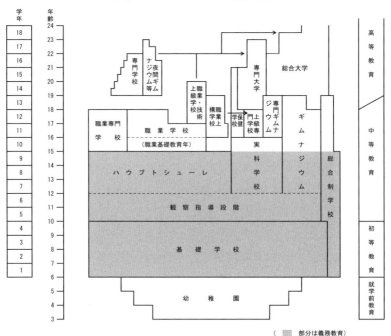

出所）　文部科学省「諸外国の教育統計」平成30（2018）年版

4 中華人民共和国の学校制度

　中華人民共和国成立後の学校体系をみると，初等・中等教育段階は，満6歳入学の6・3・3制が一般的である。地域によっては，7歳入学の初等教育期間5年や中等教育段階が3・2制のものもある。このほか，職業系の中等専門学校もある。高等教育に関しては，総合大学（4，5年制，医学系は6，7年制），単科大学（4，5年制と2，3年制），専科学校，短期職業大学などがある。総合大学が少なく，単科大学，短期職業大学が多い。単線型を基本としながら，学校種別が多様に存在しているところが中国の学校体系の特徴といえる。

図表11.6　中華人民共和国の学校体系図

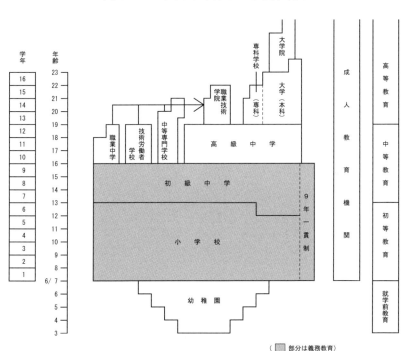

（ ▨ 部分は義務教育）

出所）　文部科学省「諸外国の教育統計」平成30（2018）年版

4　公教育制度の今日的課題

　現代日本の学校制度の課題として，第1に学校段階の問題があげられる。戦後，日本では基本的に6・3・3制が維持されてきた。これに対して，近年では子どもの発達をめぐる変化に対応するために，4・4・4制など各学校段階の修業年限を抜本的に見直すべきとの意見が示されている。第2に，学校系統の分化傾向の問題がある。歴史上，教育機会の均等が目指され，諸外国でも単線型学校制度へ移行してきた。日本も形式的には単線型といえるが，実際に人々がどのような上級学校に進学しているかをみると，経済的事情や地域間などでさまざまな格差があり，それが問題点として指摘されている。

　第3に，教育の公共性の問題ともかかわって，学校設置者の多様化を指摘できる。いわゆる特区の特例措置を利用して，株式会社や非営利団体が学校を設置する例も現れるようになった。第4に，少子高齢化社会の到来が公教育制度の存立に大きな影響を与えている。児童・生徒数の減少によって，特に公立小中学校の小規模化が進み，子どもの社会性育成などに支障が生じている。これに加えて，財政事情の深刻化のため，各地で学校統廃合が加速している。教育を受ける権利や教育機会の保障の観点から，改めて最適な公教育制度の在り方の再構築が求められている。

参考文献
熊谷一乗『現代教育制度論』学文社，1996年
広岡義之編『教育の制度と歴史』ミネルヴァ書房，2007年
坂野慎二・湯藤定宗・福本みちよ編『学校教育制度概論』玉川大学出版部，2017年

学びを深めたい人へ
小山俊也『世界の教育制度Ⅰ』『同　Ⅱ』明星大学出版部，1993年
土屋基規編『現代教育制度論』ミネルヴァ書房，2011年
髙妻紳二郎編『新・教育制度論』ミネルヴァ書房，2014年

第12章
教育法規

　日本では「教育の法律主義」のもと，教育の理念，制度，内容，組織など，ほとんどの教育に関する事項が法規により規定されている。このような法律主義は，国民の教育を受ける権利を保障したり，教育水準を維持したり，教育活動を最適化することを目的とするものといえる。また，教員には法律で定められた職務を遂行する義務が課せられているだけでなく，教育課程の編成や個々の授業を展開するにあたっても，法律やその他の法規の規定に拠ることが求められる。このように，学校教育にたずさわろうとする者にとっては，子どもの教育を保障する意味でも，また自らの職責を遂行するうえでも，法規の正しい理解が必要といえる。
　そこで本章では，まず教育法規を理解するための基礎として，法規の種類など，法体系とその原理について確認する。そのうえで，教育法規のうち教育の基本理念などを定めた法規，学校教育に関する法規および教育行政に関する法規などの代表的なものについて学ぶ。さらには近年における教育法規の制定や改正の動向を確認するとともに，法令遵守の重要性について指摘したい。

1　教育法規を理解するための基本原理

1　教育法規とは

　教育法規とは日本国憲法，教育基本法，学校教育法，学習指導要領などの教育に関わる法規をあらわしている。日本の現在の教育法規は，図表12.1に示したように，①教育の基本に関するもの，②学校教育に関するもの，③社会教育に関するもの，④学術・文化・宗教に関するもの，⑤教育行政・財政に関するもの，に大きくわけることができる。また教育に固有の法規でなくても教育に関連した法律（児童福祉法など）や国際的条約（子どもの権利条約など）もこれらに含めて考える場合もある。これらによって，今日の日本の教育のあり方は基礎づけられている。

図表 12.1　教育法規の分類

学校教育に関する法規	社会教育に関する法規
学校教育法・同施行令・同施行規則 私立学校法・同施行規則 学校図書館法　　学校保健安全法 学校給食法　　教育職員免許法 学習指導要領　　など	社会教育法 生涯学習の振興のための施策の推進体制 等の整備に関する法律　など
教育行政・財政に関する法規	学術・文化・宗教に関する法規
地方教育行政の組織及び運営に関する法律 地方公務員法　　地方自治法 義務教育費国庫負担法　　など	日本学術会議法　　文化財保護法 宗教法人法 ユネスコ活動に関する法律　など

中央：教育の基本に関する法規
日本国憲法
教育基本法

出所）　筆者作成

2　法体系と原理

1）法規の種類

　教育法規を学ぶにあたって日本の法体系について確認しておきたい。国の法規には，憲法，法律，命令（政令，省〔府〕令）などがあり，地方の教育法規としては条例や規則がある。憲法は，最高法規として国家の基本的な統治のあり方を示したものである。日本国の基本的な原理，原則は日本国憲法によって規定されている。

　法律は，国民の代表者から構成される国会で制定される法の形式である。教育については，教育基本法，学校教育法などがその代表的なものとしてあげられる。日本の教育の基本的なあり方は法律で定めることになっている。

　命令とは，国の行政機関が定める法の形式であり，法律の規定を実施するために必要な事項を定める執行命令と，法律の委任に基づき制定される委任命令とがある。命令は，政令と省（府）令とにわけられ，両者とも法律のなかで取り上げることにはなじまない細かい事項を規定するために制定されている。

図表12.2　日本の法体系

　政令は内閣による命令であり，学校教育法施行令などがこれにあたる。省令は各省庁の大臣によって出される命令であり，学校教育法施行規則（文部科学省）などがある。
　この他，告示，訓令，通達などがある。これらは各省庁の大臣，各委員会の長官などが発するものである。告示は，所掌事務について公示を必要とする場合に発するもので，『官報』の告示欄に掲載される。文部科学大臣が公示する学習指導要領などがこれにあたり，法的拘束力をもっている。訓令は，その機関の所掌事務について，所管の諸機関や職員に対して発する命令である。また，通達は，所掌事務について所管の諸機関や職員に対してある事柄を通知するための一形式とされる。法令の説明や解説及び運用方針などが通達として示される。
　地方自治体（地方公共団体）の法規には，条例や規則がある。これは地方自治体の議会において制定されるものであり，たとえば，都道府県における学校職員の給与，勤務時間・休日休暇などに関する条例などがこれにあたる。
　最後に，日本国内の法規ではないが子どもの権利条約のような国際的条約も，日本の国会で批准された場合，国内法と同様の効力をもつということを確認しておきたい。

2）法体系の一般的原理

法規の種類について確認したが,次に法規を解釈するために必要な法体系の3つの原理をあげておきたい。

① 形式的効力の原理：形式的効力の原理とは,法規には上位と下位とがあり,上位が大きな効力をもつということである。図表12.2に示すように法体系では憲法が最上位にあり,法律,政令,省令と続く段階的構造となっている。もし2つ以上の種類の法規が内容において相互に矛盾するような場合には,上位のものの内容が下位に優先することになる。

② 特別法優先の原理：適用範囲が広い法規を一般法,狭いものを特別法という。たとえば,地方公務員全体について規定する地方公務員法は一般法であり,公務員のうち教員について規定する教育公務員特例法は特別法にあたる。一般法と特別法との間では,特別法の内容が優先されることになっている。

③ 後法優先の原理：同一の効力をもっている法規間のなかでは,後からできた法規（後法）の内容が,それ以前にある法規（前法）より優先される。これを後法優先の原理という。

2 教育の基本に関する法規

1 「日本国憲法」

日本国憲法は日本の最高法規であり,国民主権,基本的人権の尊重および平和主義の3つを基本原理としている。日本の法体系において最も強い形式的効力をもつものであり,教育について直接的に規定したものとして第26条があり,次のような内容になっている。

> 第二十六条　すべて国民は,法律の定めるところにより,その能力に応じて,ひとしく教育を受ける権利を有する。
> 2　すべて国民は,法律の定めるところにより,その保護する子女に普通教育を受けさせる義務を負ふ。義務教育は,これを無償とする。

第26条では，まず「教育を受ける権利」について定めている。教育を受ける権利は，生存権や勤労の権利とならんで，福祉国家の理念に基づき認められる権利（社会権）とされているが，これをすべての国民に対して保障するものとしている。その具体的な手だてとして第2項において，保護者に対して子どもに普通教育を受けさせることを義務と規定し，同時に国などに対し義務教育を無償とする公教育の実施を求めている。

さらに教育に関する事項を必ず法律で定める原則，いわゆる「教育の法律主義」についても規定している。戦前の大日本帝国憲法下では，教育に関する事項を勅令（天皇の命令）で定める「勅令主義」をとっていた。戦後は，教育に関する事項を国会で定める法律に規定するものとした。そのため第26条を具体化するため，教育の基本理念や教育制度の基本を教育基本法に示し，学校教育法において義務教育その他の学校制度が詳細に規定されるなど，さまざまな法律が制定されている。

2 「教育基本法」

教育基本法は，日本の教育の基本理念及び基本原則を定める重要な法律であり，「教育憲法」と称されることもある。1947年3月，日本国憲法の精神に則り，新しい日本の教育の基本を確立することを目的として，憲法施行日に先だって制定・公布された。施行後およそ60年近く改正されることはなかったが，国際化，情報化など日本を取り巻く状況の変化にともなう議論のなかで，時代にふさわしい教育理念を定めることが求められ，2006年に全面改正された。この改正により，教育基本法では教育目的だけではなく，教育の目標を定めることとなった。また教育の領域・対象を学校教育だけでなく家庭や地域，幼児教育にも拡げて規定するようになった。さらに，この法律が教育の根拠法としての性格をもつことを明確にした。

以下，教育基本法の内容ついて概観しておきたい。

① 教育の目的・目標：本書3章で詳細にみたように，第1条では教育の目的について，「人格の完成」を目指し，「平和で民主的な国家及び社会の形成

者」として必要な資質を備えた「健康な国民の育成」を目的とすることを明らかにしている。それを受けて第2条では教育の目標として，「豊かな情操」「道徳心」「個人の価値」「自主・自律の精神」「男女平等」「公共の精神」「伝統と文化の尊重」「国と郷土を愛する態度」など，約20項目の教育的価値を定めている。この目的・目標を受けて，学校教育法で義務教育の目標が定められた。さらにそれを受けて学習指導要領で各教科，領域において教育基本法の目的・目標が具体化されている。

②教育の機会均等：第4条では，憲法第26条の規定を受け，すべての国民に「ひとしく」「能力に応じて」教育を受ける機会が与えられるべきこと，すなわち教育の機会均等について定めている。これは個人の能力以外の人種，信条，性別，社会的身分，経済的地位または門地によって教育上差別されないことを意味し，教育の面における平等を規定している。さらに機会均等の観点から障害を有する者への教育支援や，経済的な困窮者に対する奨学措置についても定めている。

③義務教育：第5条では義務教育について定めている。さらに第2項において，小学校，中学校を通じた義務教育の目的が規定されている。第3項では，義務教育の実施にあたって，国と地方公共団体とが役割を分担し，相互に協力をすべきことが示されている。

④学校教育：第6条では，学校が「公の性質」を有するものであり，そのため設置者を国，地方公共団体及び学校法人に限定するものとしている。また，学校は，人的・物的条件を備えて一定の教育課程に基づき，子どもの心身の発達段階に応じた組織的，体系的な教育をおこなう場であり，第1条に定める教育の目的を実現するうえで重要な役割を果たすことを明確にしている。

⑤教員の使命：第9条では，教員の使命について規定する。教員には，その使命を自覚し，研究と修養を行い，職責を遂行することを求める。また一方で，教員は身分が尊重され，適正な待遇を受け，研修の機会が与えられるべきこととしている。

⑥家庭教育：第10条では，保護者に子の教育についての第一義的責任があ

り，生活習慣の形成や自立心の育成のための努力義務があることを明記した。また，第13条においては，学校，家庭及び地域住民の相互連携と協力の努力について定めている。

⑦ 教育の中立性：第14条では教育の政治的中立性，さらに第15条では教育の宗教的中立性について規定している。中立性は，義務制と並んで公教育の重要な原理であり，その意義は学校教育から特定のイデオロギーを排除することにある。すなわち第14条では，政治的教養の必要性を定めるとともに，すべての国公私立学校における党派的教育を禁止する。また，第15条では，宗教的情操教育は教育上重視するものの，国公立学校における特定の宗派のための宗教教育，その他いかなる宗教的活動も禁止する。なお私立学校における宗教教育については認めている。

⑧ 教育行政：第16条では，教育行政について規定している。教育は「不当な支配」に服することなく「法律」に基づいて行われるべきものとするとともに，国と地方公共団体との役割分担と相互の協力の下，「公正かつ適正」に行われるべきことを規定している。つまり，教育行政が，特定の勢力により左右されたり，特定の一部の利益のために行われたりせずに，国民全体の意志に基づく法律によって実施されるべきことを定めているのである。

⑨ 教育振興基本計画：第17条では，教育振興基本計画について定めている。「教育の振興に関する施策についての基本的な方針及び講ずべき施策その他必要な事項について，基本的な計画」を国に定めることを求めている。この計画は中長期的に将来の社会の姿を見通しながら，5年間に重点的に取り組むべき分野・施策を明確にするとともに，具体的な政策目標と施策目標を明記するものである。また，地方公共団体においても策定する努力義務が課せられた。

3 学校教育に関する法規

1 「学校教育法」

学校教育法は，日本国憲法及び教育基本法の教育理念を学校教育として具体

化したものであり，戦後の新しい学校制度，いわゆる単線型学校体系（6・3・3・4制）の枠組みを示すため，教育基本法と同じく1947年に公布，施行された。いわば学校教育に関する基本法としての性格をもつ法律である。

　この法律の構成は，第1章「総則」，第2章「義務教育」，第3章「幼稚園」，第4章「小学校」，第5章「中学校」，第5章の2「義務教育学校」，第6章「高等学校」，第7章「中等教育学校」，第8章「特別支援教育」，第9章「大学」，第10章「高等専門学校」，第11章「専修学校」，第12章「雑則」，第13章「罰則」及び附則となっている。第1章「総則」ではすべての学校種に適用される基本的なことがらが示されている。第2章「義務教育」では，2007年の改正によって小学校から中学校までを通じた義務教育について規定され，義務教育の目標が明記されるようになった。第3章「幼稚園」以降は，学校種ごとにそれぞれ目的，目標が定められるとともに，教職員，教育課程などそれぞれの教育の基本的枠組みについて規定している。

　学校教育に関する法規は広範にわたるため，以下学校教育にかかわるいくつかの項目について，それがどのような法規に基づいているのか確認することとしたい。

1）学校と設置基準

　学校教育法第1条では，学校を「幼稚園，小学校，中学校，義務教育学校，高等学校，中等教育学校，特別支援学校，大学及び高等専門学校」とする。これらは「一条校」と呼ばれ，教育関係の法規で「学校」という場合にはこれらをあらわす。同法第2条では学校について，国，地方公共団体及び学校法人のみが設置することを認め，同法第3条では，設置者が公教育の水準維持，教育の機会均等を保障するため「学校の種類に応じ，文部科学大臣の定める設備，編制その他に関する設置基準」に従わなければならないものとした。この規定により，中学校設置基準，高等学校設置基準（文部科学省令）などが制定され，学校の施設設備，教員定数や編制などについて定めている。

2）教育課程

　本書第4章で学んだように，教育課程については，教育基本法の教育目的及

び目標，学校教育法に定められた学校種ごとの目的及び目標に基づき，学校教育法第33条，第48条，第52条などの規定によって文部科学大臣が定めるものとしている。これに基づき学校教育法施行規則（文部科学省令）において，学校種ごとの目標の体系に対応した教科・領域が定められ，各教科などの具体的な内容については文部科学大臣が公示する学習指導要領（告示）によって基準が示される（図表12.3）。各学校が教育課程を編成する際には，これらに基づくことが法的に求められている。

図表12.3 教育課程に関する法規

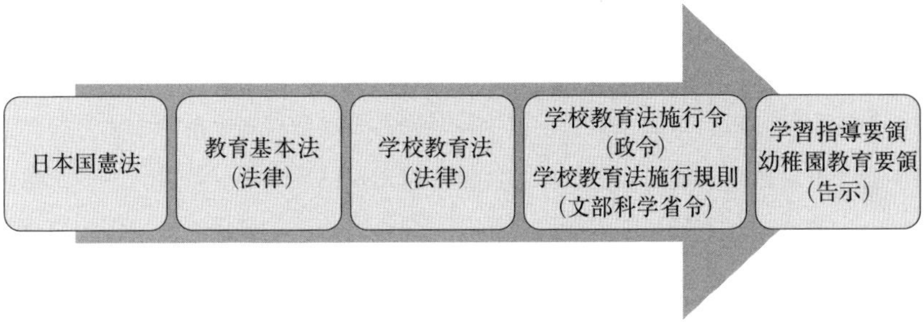

日本国憲法 → 教育基本法（法律） → 学校教育法（法律） → 学校教育法施行令（政令）学校教育法施行規則（文部科学省令） → 学習指導要領 幼稚園教育要領（告示）

また，各学校では学校教育法第34条の規定により検定教科書または文部科学省著作教科書の使用が義務づけられている。

3）教職員

教員の資格については教育職員免許法において，各相当の教員免許状を有するものでならないとされている。一方，欠格事由については「禁錮以上の刑に処せられた者」などが学校教育法第9条にあげられている。なお本書第10章で学んだように，教員の任免，給与，分限，懲戒，服務および研修などについては地方公務員法や教育公務員特例法において規定されている。

4）児童・生徒の懲戒と体罰

学校教育法第11条において，児童・生徒に対する懲戒については教育上の配慮をしたうえで認めているが，体罰については禁止されている。なお，2012年に体罰自殺事件が発生したのにともない，文部科学省は「体罰の禁止及び児童

生徒理解に基づく指導の徹底について（通知）」を発し，体罰禁止についてあらためて強調した。この通知での体罰の定義は「身体に対する侵害を内容とする懲戒（殴る，蹴るなど），児童生徒に肉体的苦痛を与えるような懲戒（正座・直立等特定の姿勢を長時間にわたって保持させるなど）に当たると判断された場合」としている。

5）学校保健・安全

　学校教育法第12条では，児童・生徒などの健康の保持増進について，別に法律に定めるところにより，健康診断を行い，保健に必要な措置を講じなければならないと規定している。このほか，学校の保健管理および安全管理に関しては，学校保健安全法（旧学校保健法）が定められている。

　学校保健安全法では，学校保健および学校安全に関する学校設置者の責務を明らかにしている。そのうえで学校保健計画および学校安全計画を策定し，実施することを求めている。学校保健計画とは児童生徒および教職員の健康診断，環境衛生検査などに関しての計画であり，これに基づき健康診断の実施や感染症予防の対策がはかられる。学校安全計画は，学校の施設設備の安全点検，児童・生徒に対する安全指導，職員研修などの計画である。特に，児童・生徒の安全確保を図るため，危険等発生時対処要領を作成して，危険等発生時において職員が取るべき措置の具体的内容および手順を定めることになっている。

4　教育行政に関する法規

　教育行政の基本理念については，すでに学んだように教育基本法第16条に規定されている。それに基づき，国と地方公共団体とで適切な役割分担および相互の協力のもとに教育行政を行っていくための制度が法律により規定されている。すなわち，国には文部科学省があり，地方公共団体には教育委員会が設置されていて，それぞれの組織と運営が法律によって規定されている（詳しくは第13章で学ぶ）。

　教育委員会は，地方教育行政の組織及び運営に関する法律によって規定され

ている。これによって，教育委員会は首長から独立する政治的中立性をもった組織として，また教育委員の合議を通じて，教育行政に地域住民の意向を反映させうる組織として運営されている。なお，2014年にこれまで問題視されることの多かった曖昧な責任の体制を改め，それを明確化するとともに，首長との連携を強化するなどの改正がなされた。これに基づく新しい教育委員会制度が2015年4月に発足した。

5　近年の動向と法令遵守の重要性

1　近年の動向

　教育法規は社会の変化とともに常に改正され，また新しい法規が制定されている。それらが教育のあり方を規定しているので，教員や教育関係者はその動向の把握に努めなければならない。ここ10数年間について述べると，2006年の教育基本法改正が大きなものであった。それを受けて2007年に学校教育法，教育職員免許法などが改正され，義務教育の目標や役割を明確化するとともに，学校評価や情報提供を義務化した。また，2009年に教員免許状更新制も導入された。

　地方教育行政の組織及び運営に関する法律も2007年に改正され，教育委員会の執行と責任を明確化するとともに，地方教育行政に対する国の責任を明示した。さらに，2014年の改正によって新しい教育委員会制度を発足させることとなった。

　2013年には，滋賀県大津市におけるいじめ事件に端を発して，いじめの防止，早期発見およびいじめへの迅速な対処を目的として，いじめ防止対策推進法が制定された。この法によって，国，地方公共団体および学校の責務や役割，保護者の責務を明確にし，いじめ防止対策が推進されることが期待されている。

　幼児期の子どもの教育や保育をめぐっては2012年に「子育て関連三法」が制定された。これにしたがい2015年度から，幼稚園と保育所とを完全に一体化した新しい幼保連携型認定こども園の創設を含め，「子ども・子育て支援新制度」

が発足した。

学校制度についてみると，学校教育法の改正により新たな学校種が新設されている。2016年に9年の義務教育を一貫しておこなう義務教育学校が新設され，2019年からは大学制度の中に，専門性が求められる職業を担うための実践的かつ応用的な能力を教授する専門職大学・専門職短期大学が設けられている。

2　教育現場における法令遵守

最後に，教育現場において法規に従うこと，いわゆる法令遵守の重要性について述べる。法令遵守のことを，官公庁，企業社会，医療の場などにおいては近年「コンプライアンス（compliance）」という言葉で表現し，これを基盤としてはじめて世間の信用が獲得されるものとして，順法を心がけた経営を行うようになっている。人と人との信頼，信用によって成り立つことの多い学校など教育機関にも例外なく，こうしたことが求められるようになってきている。実際，設置基準を満たさなかったり，学習指導要領を逸脱した教育課程の編成などの違反があった場合，また体罰行為，ハラスメント行為や公費の無断使用などの教師の不祥事が起こった際には，世間は厳しい目を向ける。こうしたことから，教育現場における法令遵守については，個人情報の管理，情報セキュリティとともに重視され，各教育委員会においても教職員に対する研修の機会を設けたり，啓発活動を行うようになってきている。

コンプライアンスの観点から，教員や教員を志す者にとって，教職に必要な倫理観を身につけるとともに，教育法規を正しく理解することは不可欠といえよう。

参考文献
菱村幸彦『やさしい教育法規の読み方』教育開発研究所，2008年
朝倉征夫編『おさえておきたい教育法規』酒井書店，2009年

学びを深めたい人へ

坂田仰・河内祥子・黒川雅子『図解・表解　教育法規』教育開発研究所，2012年
坂田仰『学校現場における教育法規実践学』（上・下巻）教育開発研究所，2014年

第13章
教育行政

　国民の教育要求に応えるため，立法機関によって成文化された教育政策を実現するための行政作用が「教育行政」である。
　教育行政の目的は，憲法の定める「教育を受ける権利」を中心とする教育権の保障と発展にある。現在の教育がどのような行政上の理念や原則，または仕組みによって行われているかを理解することは，今日の教育をより深く理解するだけでなく，将来の教育を考えるうえでも欠くことはできない。
　さらには現在，日本の学校教育の見直しが進められ，教育行政の大きな転換が図られており，こうした動向の背景と今後の方向性を考える必要がある。
　こうした関心から本章では，教育行政の基本的な考え方と役割について，またその実施主体である国と地方の教育行政機関の組織と構造について概説することにより，教育と教育行政の在り方を考えるための基本的な視座を提供することとしたい。

1　教育行政の基本原理

1　教育行政とは

　行政は，国家統治権としての三権のひとつであり，国家意思の執行作用の意味をもつ。では，教育行政（educational administration）とは何か。端的にいえば，それは国民の教育を受ける権利を実現するために，国や地方公共団体が必要な諸条件を整備する行政作用である。
　近代国民国家において，教育は公益事業として展開され，公共の財を割いてその経費が賄われ，さらには，教育労働に専従する職能集団が形成されることになる。国民は，国家の教育目的・内容・方法等が，社会的な合意形成を踏まえた公的なものであることを前提に，教育への期待や要求を表明する。これらの教育要求に一定の秩序を与え，かつ正統性を付与する価値および手段の体系を教育政策（educational policy）という。

すなわち，教育についての国民の合意形成は，教育に対する社会的な要請に基づく国家権力の作用として展開されるわけであり，今日の教育行政は，その経営手法や政策手段の在り方について，憲法の定める「教育を受ける権利」を中心とする教育権の保障と発展という観点から，常に評価され，検証され続けるものであるといえる。

教育基本法（2006年改正）においては，「教育行政は，国と地方公共団体との適切な役割分担及び相互の協力の下，公正かつ適正に行われなければならない」（第16条第1項）と定められており，「国は，全国的な教育の機会均等と教育水準の維持向上」（同条第2項）を，「地方公共団体は，その地域における教育の振興」（同条第3項）を図るため，教育に関する施策を策定・実施しなければならないと規定されている。さらに「国及び地方公共団体は，教育が円滑かつ継続的に実施されるよう，必要な財政上の措置を講じなければならない」（同条第4項）と明示されている。

元文部事務次官で教育行政学者の木田宏によれば，教育行政の作用には，① 国や地方公共団体が他者の教育活動に対して規制や制限を加える「規制作用」，② 他者の教育活動に対して指導や助言，援助を与える「助成作用」，③ 国や地方公共団体が自ら活動する「実施作用」がある。これに前述の財政上の措置（④「財政作用」）を加えた4種の作用が，教育行政の基本的な役割ということになる。

2　教育行政の3原則

戦後日本の教育行政は，学校教育行政と社会教育行政とに大きく二分され，地方分権の確立によって，国（中央政府）と地方（自治体）とが対等な関係で教育政策を進めていくことが志向された。さらに前章で詳述の通り，勅令主義から法律主義への転換が徹底され，教育の「民主化」が企図された。戦後教育行政の基本原則は，以下の3点に集約される。

1）法律主義

法律主義とは，一切の行政活動の根拠と正統性を，立法府の審議により成立

する法律に置くものとする原理・原則である。これは，君主の命令（勅令）に法律と同等以上の効力を認めた勅令主義の対極にある概念といえる。憲法では「すべて国民は，法律の定めるところにより，その能力に応じて，ひとしく教育を受ける権利を有する」（第26条）と定められ，教育基本法では「この法律に規定する諸条項を実施するため，必要な法令が制定されなければならない」（第18条）と規定され，教育行政における法律主義が明示されている。

2）地方分権

　地方分権とは，「中央」が「地方」に対し，政治および行財政の制度・運営面での一定の自主性・自律性を容認する仕組みである。戦前，教育は「国家の事務」とされ，文部省および内務省（1947年廃止）主導による極めて中央集権的な教育行政が実施されていた。戦後，憲法および地方自治法（1947年）により地方自治の理念が明示され，地方教育行政の担い手として，後述する教育委員会を設置するための教育委員会法（1948年）が制定された。同法は「公正な民意により，地方の実情に即した教育行政を行う」（第1条第1項）ことを謳って，その委員を住民の選挙により選出する公選制を採用した（第7条第2項）。しかし，戦後の保革対立が先鋭化するなかで廃止され，新たに「地方教育行政の組織及び運営に関する法律」（1956年。以下，地教行法と略す）が定められた。

　地教行法の主眼は，委員の選任を公選制から，自治体の首長（都道府県知事および市町村長）が議会の同意を得て任命する任命制に変更することにあった（第4条第2項）。これらの措置は，教育における政治的対立を回避し，中立の観点から人選を行うためのものと説明されたが，教育行政への民意の反映という点では後退の感も否めず，さらに今日では，教育課題への対応をめぐる教育委員会の機能不全・形骸化という批判も高まり，教育委員会制度の在り方そのものが大きな議論の俎上に載せられている。

3）一般行政からの独立

　戦前の地方教育行政は，内務大臣が任命する府県知事の統括下にあり，一般行政の一部として実施されていた。戦後設置された教育委員会は，前述の通り教育行政の地方分権化の担い手として，その自主性・自律性の尊重を担保する

中立性の確立が志向され，首長が担う一般行政からの独立が企図された。教育委員会法では教育委員会規則の制定権（第53条），予算原案送付権（第56条），予算支出命令権（第60条），条例原案送付権（第61条）といった権限が規定され，その独立性が，一種の自主立法権に加え，財政面からも裏づけられる措置が採られた。しかし，首長が所管する一般予算との二重構造等の問題も指摘された。地教行法では予算原案送付権が廃止され，教育財産の取得・処分は首長の権限となる（第22条）。これによって予算の二重構造は解消され，財政の一本化が実現するが，効果的な教育行政に必要な財政措置が講じ難くなったとの指摘もある。また，前述の委員任命制への変更とあわせて教育行政の独立性を脅かすものとの批判も根強い。

さらに2015年施行の改正地教行法は，首長と教育委員会との関係に新たな局面をもたらすこととなった。この点については本章後半で詳述する。

2　教育行政の組織と構造

行政機関は国と地方とに分かれ，教育行政機関もそれぞれに置かれている。国においては，内閣と内閣総理大臣および各省庁等，文部科学省と文部科学大臣および文化庁・スポーツ庁等，地方においては，首長，教育委員会，人事・公平委員会および各地方公共団体の部局等がこれに該当する。国・公立の教育機関・施設内部における部局等もこれに含まれる。

1　国の教育行政機関
1）内閣・文部科学省

国の行政権は内閣に属する（憲法第65条）。内閣は，内閣総理大臣および国務大臣によって構成され，教育に関する法案や予算の国会提出，教育における基本政策の決定，政令（学校教育法施行令等）の制定等，教育行政の基幹任務を担っている。

内閣総理大臣は，必要に応じ諮問機関を設けることができ，戦後の主なもの

としては，教育刷新委員会・審議会，臨時教育審議会，教育改革国民会議，教育再生実行会議等がある。とりわけ，1984年に設置された臨時教育審議会は，教育界の問題解決と21世紀に向けての教育改革を謳って計4回の答申を行い，その後の教育政策に大きな影響をおよぼした。その骨子は，① 個性重視の原則，② 生涯学習体系への移行，③ 国際化・情報化等の変化への対応であった。

内閣の統括下，行政事務の能率的遂行のために各省庁・委員会等の行政組織が置かれる（国家行政組織法第2～3条）。そのなかで，教育・学術・文化等に関する行政事務を所管するのが文部科学省であり，その長が国務大臣たる文部科学大臣である（文部科学省設置法第2条）。

文部科学省は，2001年の中央省庁再編により文部省（1871年）・科学技術庁（1956年）の再編・統合という形で設置された。その任務は，「教育の振興及び生涯学習の推進を中核とした豊かな人間性を備えた創造的な人材の育成，学術及び文化の振興，科学技術の総合的な振興並びにスポーツに関する施策の総合的な推進を図るとともに，宗教に関する行政事務を適切に行うこと」とされ（文部科学省設置法第3条），教育に関する日本の行政機関の中枢としての役割を担っている。その組織は，1官房6局1官および外局としての文化庁ならびにスポーツ庁で編制され（図表13.1参照），予算は2016年度実績で約5兆3,216億円となっている（図表13.2参照）。

文部科学大臣は，文部科学省を統括するとともに，同省所管の職員の任免，省令（学校教育法施行規則等）の制定，告示・訓令・通達の発令，その他法令上規定された監督庁としての権限をもつ（国家行政組織法第10～14条）。また，内閣総理大臣と同じく諮問機関を設けることができ，その代表的なものが中央教育審議会である。

2）中央教育審議会

審議会とは，「重要事項に関する調査審議，不服審査その他学識経験を有する者等の合議により処理することが適当な事務をつかさどらせるための合議制の機関」である（国家行政組織法第8条）。文部科学省に置かれる審議会には，文部科学省設置法によるものと，文部科学省組織令によるものとがある。前者

図表13.1　文部科学省の組織（2018年10月16日現在）

```
文部科学大臣
  └ 副大臣（2名），大臣政務官（2名）
  事務次官
      文部科学審議官（文教担当，科学技術担当，各1名）
      ├ 大臣官房 ─── 文教施設企画・防災部
      ├ 国際統括官
      ├ 総合教育政策局
      ├ 初等中等教育局
      ├ 高等教育局 ─── 私学部
      ├ 科学技術・学術政策局
      ├ 研究振興局
      └ 研究開発局
  └ 文化庁，スポーツ庁，その他諸機関
```

出所）　文部科学省『平成30年　文部科学省の概要』

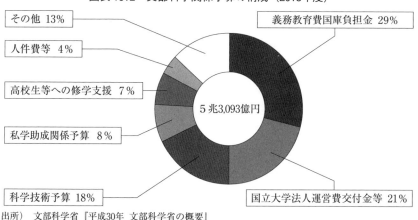

図表13.2　文部科学関係予算の構成（2018年度）

- その他　13%
- 人件費等　4%
- 高校生等への修学支援　7%
- 私学助成関係予算　8%
- 科学技術予算　18%
- 義務教育費国庫負担金　29%
- 国立大学法人運営費交付金等　21%

5兆3,093億円

出所）　文部科学省『平成30年　文部科学省の概要』

には，科学技術・学術審議会等，後者には，教科書行政を担う教科用図書検定調査審議会，中央教育審議会（以下，中教審と略す）等が存在する。

　現行の中教審は，戦後教育改革を担った教育刷新委員会・審議会の後身的な

位置づけをもって旧文部省に設置された旧中教審（1952年）を母体とし，中央省庁再編に伴う2001年，旧来の生涯学習審議会，理科教育及び産業教育審議会，教育課程審議会，教育職員養成審議会，大学審議会，保健体育審議会の機能を整理・統合する形で発足した。

　中教審は，文部科学大臣の諮問に応じ，文部科学省の政策審議の中心としての役割を果たしており，審議の結果である「答申」は，日本の教育政策の方向性に極めて大きな影響をおよぼすことになる。その組織は，学識経験者等のなかから文部科学大臣が任命する30名以内の委員で構成され，任期は2年（再任可），必要に応じて臨時委員・専門委員を置くことができ，教育制度分科会，生涯学習分科会，初等中等教育分科会，大学分科会の4つの分科会からなっている。

2　地方の教育行政機関

1）首長の職務権限

　地方分権による法人格の行政府が地方公共団体（自治体）である。都道府県と市町村とに大別され，それぞれ首長と事務部局，教育委員会（図表13.3参照），その他の委員会（地方公務員である教職員のための人事・勤務条件・利益保護等に関する人事委員会・公平委員会等）が置かれている。

　戦後の首長は住民の選挙により選出された，民意の負託を受けた者である。教育行政に関する首長の職務権限としては，①所管の高等教育機関（公立大学・高専）の設置・管理，②所管内の私立学校（大学・高専を除く）の認可・監督・指導・助言，③教育財産の取得・処分，④教育委員会関係の契約，⑤教育予算原案の作成等があげられる（地教行法第22条）。なお，大学等の高等教育は国の所管，それ以外は原則，地方の所管である。

　2015年施行の改正地教行法によって，地方教育行政に対する首長の職務権限ならびに責任は大幅に強化された。まず，首長は「その地域の実情に応じ，当該地方公共団体の教育，学術及び文化の振興に関する総合的な施策の大綱を定める」ものとされ（第1条第3項），さらに「大綱」の策定および教育条件の整

備等重点的に講ずべき施策，緊急の場合に講ずべき措置（いじめによる深刻な事案等）についての協議・調整を図る「総合教育会議」が設けられた（第1条第4項）。「総合教育会議」は首長が招集し，首長と教育委員会により構成される。また，首長が後述の新「教育長」の直接の任免権者としても位置づけられる一方，いじめによる自殺の防止等緊急の必要がある場合の文部科学大臣の教育委員会への指示権限が明確化され，国の地方公共団体への関与の見直しが図られている（第50条）。

2）教育委員会の職務権限

教育委員会は，地方公共団体に設置される行政委員会であり，地方教育行政の中枢機関である。前述の通り教育委員会法による当初の教育委員会は，アメリカの Board of Education をモデルに，公選による選出委員（地域住民の代表

図表13.3　教育委員会の組織のイメージ

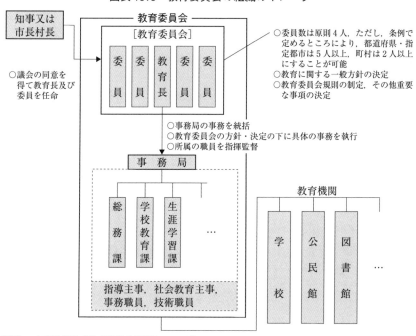

出所）文部科学省「教育委員会制度について」

図表13.4　教育委員会の主な職務権限

事　項	内　　容	条　文
管理と執行	① 教育機関の設置・管理・廃止，② 教育財産の管理，③ 職員の任免その他の人事，④ 就学・入学・転学・退学，⑤ 学校の組織編制・教育課程・学習指導・生徒指導・職業指導，⑥ 教科書その他の教材の取扱い，⑦ 校舎等の施設・教具等の設備の整備，⑧ 教育関係職員の研修，⑨ 保健・安全・厚生・福利，⑩ 教育機関の環境衛生，⑪ 学校給食，⑫ 青少年教育・女性教育・公民館の事業等の社会教育，⑬ スポーツ，⑭ 文化財の保護，⑮ ユネスコ活動，⑯ 教育に関する法人，⑰ 調査・統計，⑱ 広報・相談，⑲ ほか，当該地方公共団体の区域内における教育に関する事務。	21条 (地教行法，以下同じ)
教育機関の職員の任命	教育委員会が任命する。	34条
県費負担教職員の任命	任命権は都道府県教育委員会に属する。	37条
県費負担教職員の服務	市町村教育委員会が監督する。	43条
県費負担教職員の研修	市町村教育委員会も行うことができる。	45条
学校運営協議会の委員の任命	教育委員会が行う。	47条の6

出所）　筆者作成

者）による合議制，すなわち，民衆統制（popular control）と素人支配（layman control）の原則によって運営される点が特色とされた。地教行法の制定後も，基本的にこの原則は維持されていると解されるのが一般的である。教育委員会には，都道府県・市（特別区）町村・地方公共団体組合の3種が存在し，会議は原則，公開制である（地教行法第14条第7項）。

　教育委員会の組織は，教育委員によって構成される委員会および委員会事務局からなる。委員の定数は「教育長」を除き原則4人（第3条），その半数以上が同一の政党に所属してはならず（第4条第4項），年齢・性別・職業等に偏りがないように配慮し，かつ必ず保護者である者が含まれなければならない（同条第5項）。任期は4年（再任可，第5条），非常勤・特別職の地方公務員で

あって地方公務員法の適用を受けない（第12条第2項，地方公務員法第3～4条）。

2015年施行の改正地教行法によって，それまでの教育委員長（委員の互選により選出）と教育長（委員会事務局の長）の職務の一本化が図られ，教育委員会の新たな責任者としての「教育長」が置かれることになった。この「教育長」は首長によって直接に任免され（第4条第1項，第7条第1項），任期は3年（再任可，第5条），委員会の代表として会務を総理し（第13条），委任事務の執行状況を委員会に報告する（第25条第3項）。他の委員は「教育長」に対し会議の招集を求めることができ，議事録の作成・公表とあわせて「教育長」へのチェック機能の役割を果たすものとされている（第14条）。

これら法改正の趣旨について文部科学省は，①教育行政における責任体制の明確化，②教育委員会の審議の活性化，③迅速な危機管理体制の構築，④地域の民意を代表する首長との連携強化，⑤いじめによる自殺等が起きてしまった後でも再発防止のため国が教育委員会に指示できることの明確化，の5点にあるとしている。さらには，従来通り教育委員会を執行機関とすること，首長との協議・調整を「総合教育会議」で行い，最終的な執行権限は教育委員会に留保すること等をもって，政治的中立性を引き続き確保するものとしている（図表13.4参照）。

3　教育行政の課題

教育行政の課題は尽きない。かつては教育課程行政の是非を問う「学テ訴訟」（1976年最高裁判決）が提起され，教科書行政の在り方に対する「家永教科書訴訟」（1997年最高裁判決）は歴史認識をめぐって大きな論争へと発展した。近年では「いじめ問題」に関する教育委員会の責任が厳しく追及され，前述の通り地教行法の改正へとつながっている。一般行政の課題と同じく，教育行政の課題もまた，時代と社会の絶え間ない変転の渦中にある。

ところで行政には，その裏づけとなる財政の存在が不可欠であるが，厳密な意味での教育財政（educational finance）は，実は日本には存在しない。教育財

政という用語は，教育行政が一般行政から財政的にも独立しているアメリカの学区等に固有のものであり，日本のそれは教育経費の財源確保や支出配分とその管理等，教育行政財務を指すものといえる。前述の教育委員会法が，予算の二重構造を理由のひとつに改正された遠因もここにある。

さらに日本の教育行財政に横たわる病理のひとつとして疑われるのが，教育における「受益者負担主義」の思想である。学制（1872年）序文の授業料有償制の方針に端を発するといわれるが，義務教育無償制の導入（1900年），教科書無償化の実現（1969年）といった進展を経てなお，教育をあくまで「個人への投資」と捉える向きは根強い。教育は近未来の「社会への投資」であり，経済格差の拡がりと子どもの貧困がいわれる今，国家財政の疲弊という深刻な課題を抱えてなお，教育行政が果たすべき責任と役割は重大である。

教育基本法は「教育の機会均等」の条項のなかで，「国及び地方公共団体は，能力があるにもかかわらず，経済的理由によって修学が困難な者に対して，奨学の措置を講じなければならない」（第4条第3項）と謳っている。2016年には超党派の議員立法により，教育機会確保法（義務教育の段階における普通教育に相当する教育の機会の確保等に関する法律）が成立した。教育の力で社会的格差や貧困の連鎖を断ち切ることは，教育行政の最重要課題であるといえよう。

参考文献
平原春好編『概説　教育行政学』東京大学出版会，2009年
勝野正章・藤本典裕編『改訂新版　教育行政学』学文社，2015年
小川正人・勝野正章『改訂版　教育行政と学校経営』放送大学教育振興会，2016年

学びを深めたい人へ
鈴木英一『教育行政（戦後日本の教育改革3）』東京大学出版会，1970年
市川昭午・林健久『教育財政（戦後日本の教育改革4）』東京大学出版会，1972年
市川昭午『教育行政の理論と構造』教育開発研究所，1975年

第14章
教育思想（西洋）

> 「どのような教育を目指すか」という教育思想に関する問いに対して，我々は自身の経験からある程度の理想形を作ることはできるだろう。しかし，そうして形づくった考えも，何らかの歴史的・社会的な影響を受けている。こうした影響を理解するために，これまでにどのような教育思想が形成されてきたかを学ぶ必要がある。「どのような社会において」，「何を目的として」それぞれの思想が生まれたのかを知ることで，現在当たり前となっている教育の在り方もまた，どのように・何を目的として生まれたのかを理解することができる。そして，それらの理解を基にして，今後教育はどう在るべきかについて考えることで，目指す教育の在り方はより柔軟で深みをもつものへと昇華されるだろう。
> 本章では，代表的な西洋教育思想家について，その思想が形成された背景や意義，思想の発展の過程等について概観する。

1 古代の教育思想

古代ギリシャの教育者として，まず，名前があがるのはアテネで活躍したソクラテス（Socrates, 前469-前399）であろう。ソクラテスは神託によって最も知恵のある者とされたことに対し，さまざまな人物を訪ね歩いた。そして，彼らと議論する中で，自分は自身の無知を知っていることによって他者よりも知恵があるとされているのだろうと認識し，「無知の知」という概念にたどり着いた。ソクラテスはソフィストと呼ばれる，弁論術を教える当時の職業知識人とは異なり，他者に直接教えるのではなく，対話の中で他者の気づきを引き出す立場をとった。このことから，ソクラテスの教授法は「問答法」や「産婆術」と呼ばれている。ソクラテスは「善く生きる」ことを目指し，そのために自己の内面である「魂」に目を向け，「徳」を探究することで，アテネ市民の啓蒙を図ったとされている。

ソクラテスの弟子であるプラトン（Platōn, 前427-前347）は，ソクラテスの

思想を発展させる形で真理への探究を行った。プラトンはイデア論と呼ばれる，概念の普遍的な要素としてのイデアを追求し，『国家』の中で，優れた哲学者によって国家が支配されることによって，イデアに基づく国家の統治がなされるべきであると主張した。また，教育を通じて子どもの資質を見極め，それに基づいて庶民・戦士・支配者へと選別していくべきであると考えた。プラトンの学園アカデメイアで学んだアリストテレス（Aristotelēs, 前384-前322）は，知恵・賢慮・勇気・節制・中庸・機知などの「徳」を身につけた大人との交流の中で，自身の「徳」を形成する教育の在り方を重視している。また，学園リュケイオンを創設し，形而上学や倫理学などさまざまな学問の講義を行ったことも知られている。

　その後，古代ローマにおいては，キケロ（M. T. Cicero, 前106-前43）やクインティリアヌス（M. F. Quintilianus, 35頃-100頃）らによって弁論家教育が盛んに行われたことにも留意しておきたい。弁論術はギリシャにおいては批判の対象とされることもあったが，彼らは弁論術を通じて，哲学と弁論を融合させることで「徳」への探究が可能となると考えており，単なる技術を超えた人間的教養を目指していたことを忘れてはならない。

2　コメニウス

　コメニウス（J. A. Comenius, 1592-1670）は現在のチェコで生まれた人物で，もともとは教師ではなく牧師であった。中世ヨーロッパにおける教育は，特にカトリック教徒において，現代のような学校ではなく，キリスト教の教えにしたがって行われる教育が一般的であった。コメニウスの生きた時代は，そうしたキリスト教の解釈について，ルターの宗教改革に代表されるような，さまざまな新しい考えが生まれた時代であり，ドイツ三十年戦争などの宗教を巡る戦争も起こった時代であった。また，宗教改革以降，プロテスタントを中心に教育改革も起こり，ギリシャ・ローマの古典や聖書の原典を重視する人文主義（ヒューマニズム）に基づく学校教育も行われるようになっていた。

コメニウスの教育思想はキリスト教を基礎としており，博識・道徳・敬虔の3点が重視されている。特に主著である『大教授学』（*Didactica Magna*, 1657）は近代教育学の金字塔として知られている。コメニウスの思想の中でも特筆すべきは，男女・貧富・階級を問わず，同じ年齢で同時に入学し，同じ内容を学び，同時に卒業する学校のシステムを理想としたことであろう。そして，あらゆる人にあらゆる事柄を教える教育を目指した。これを「汎知学」（pansophia）と呼ぶ。

また，コメニウスは教育思想だけではなく，教育の具体的な環境についてもさまざまな提案をしていることに留意したい。世界初の絵入り教科書として知られ，絵本の起源ともいわれる『世界図絵』（*Orbis Sensualium Pictus*, 1658）もそのひとつであろう。コメニウスは知識を獲得する際，言葉だけで説明するのではなく，子どもが観察を通じて事物を客観的に認識する直観教授的な方法をとった。『世界図絵』は上段に挿絵が，下段にその説明が書かれており，扱われる項目も「肉屋」といった具体的なものから「勇気」といった抽象的なものまでさまざまである。これは，絵で事物を視覚的に認識することで，理解を充実させることが狙いであり，聖書の暗記と聖書を読むためのラテン語の文法の学習が中心であったこれまでの教育内容とは，大きく異なるものであった。コメニウス自身が牧師だったこともあり，『世界図絵』も「神」で始まり「最後の審判」で終わる構成となっているが，その内容は明らかに，大人の世界の模倣ではなく，子どものための教育を意識したものとなっているといえるだろう。

3　ロック

ロック（J. Locke, 1632-1704）はイギリスの哲学者として知られており，「イギリス経験論の父」ともいわれている。当時のイギリスはピューリタン革命や名誉革命が起こるなど，市民革命の中で大きく社会が変化した時期であった。ロックは「人は生まれながらに何かを知っているのだろうか」，「神は存在するのだろうか」といった問いについて考え，『統治二論』（*Two Treatises of Gov-*

ernment, 1690) や『人間悟性論』(*An Essay Concerning Human Understanding*, 1689) を著したことで知られている。

　ロックが生きた時代のイギリスでは，従来の貴族に対し，新しく登場した地主階級のジェントリが力をつけており，ロック自身もジェントリであった。ホッブスの『リヴァイアサン』の中で主張された王権神授説は，自身の努力によって財産を築き上げるジェントリにとって違和感を覚える考え方であり，そうした背景を基にロックは所有権が個人の権利であることを主張した。また，神の存在を生得的なものと考えていた当時の通説に対し，人は生まれながらにして白紙であるという，「タブラ・ラサ」を主張した。そして，ロックは反国王派である議会派の一員として，活動を続けていくこととなる。

　ロックにとって教育は主たるテーマではなかったものの，その教育思想は，イギリス紳士（ジェントルマン）としてこれからのイギリスの社会を担う人材を育成することを目的として構想されている。代表的なものとして，ロックが友人から息子の教育について相談を受け，それに回答した手紙などが基となった，『教育に関する考察』(*Some Thoughts concerning Education*, 1693) があげられる。『教育に関する考察』の中でロックは，教育権は父親にあると考え，「体・徳・知」を中心とした家庭教育の在り方を主張した。また，その内容は友人へのアドバイスが基となっていたこともあり，具体的なものも多い。例えば，子どもの玩具は多くの種類を用意するのが良いが，保管は家庭教師が行い，子どもは1つの玩具を返さなければ別の玩具で遊べないようにしておくべきである，といったものなどがある。ロックの教育はイギリス紳士養成のための厳しい教育で知られているものの，体罰は最悪の手段であり，最後の手段であると述べていることにも注目しておきたい。

4　ルソー

　ルソー (J. J. Rousseau, 1712-1778) はスイス出身，フランスで活躍した哲学者である。ルソーが生きた時代には，イギリスでジョン＝ケイによって飛び杼が

発明され，産業革命が起こったことが知られているが，これによって世界の産業構造は劇的に変化しはじめ，社会構造もまた，劇的に変化しはじめた時代であった。当時のフランスは現代ではアンシャン・レジームと呼ばれる貴族社会であり，ごく一部の人間がほとんどの富を独占する時代だった。

　ルソーもロックと同じく哲学者として知られており，『社会契約論』(*Du Contrat Social ou Principes du droit politique,* 1762) や『人間不平等起源論』(*Discours sur l'origine et les fondements de l'inégalité parmi les hommes,* 1755) などの著作が知られている。教育に関するルソーの著作としては『エミール』(*Émile ou de l'éducation,* 1762) が最も著名だろう。ルソーは当時のフランス貴族社会における教育を批判し，『社会契約論』において示した一般意志に基づく市民社会における，新しい人間像とその教育の在り方を『エミール』の中で提示した。

　この本はルソーが貴族の子（名前がエミール）の家庭教師になったら，こんな教育をする，という小説形式で書かれている。「万物をつくる者の手をはなれるときすべてはよいものであるが，人間の手にうつるとすべてが悪くなる」という言葉が有名で，「自然に帰れ」というスローガンとともに，ルソーの教育思想は過度な教え込みを否定する意味で消極教育とも呼ばれている。しかし，ここでいう「自然」とは，野山の中で子どもを育てなさい，という意味ではないことに注意しておきたい。もちろん，ルソーは自然環境の中で学ぶことを重視していたが，それ以上に「自然状態」を重視していたのである。人間の中に備わる自然な力を，社会に都合の良い型にはめるのではなく，正しく伸ばしていくべきだとルソーは考えていた。例えば，当時のフランスの貴族社会において，母親は直接子育てをすることはなく，乳母によって子育てが行われていたが，ルソーはこうした状態を強く非難している。

　また，ルソーは「子どもの発見者」とも呼ばれている。当時のヨーロッパでは子どもは未熟な大人として捉えられていたのに対し，ルソーは子どもには子どもの考え方や感じ方があり，大人はそれを尊重しなければならないと述べている。例えば，罰に対してそれを罰として言葉による理屈を理解させるのではなく，行動の結果として罰が理解できるようにすべきだとルソーは考えたので

ある。成長を重ねて青年期になることを「第2の誕生」と呼び，自我の芽生えとともに説明していることも，ルソーの思想としてよく知られている。

5　ペスタロッチ

　ペスタロッチ（J. H. Pestalozzi, 1746-1827）はスイスの教育実践家である。ペスタロッチははじめ，ノイホーフと名づけた農場の経営を手がけるものの，この事業は失敗に終わる。その後，貧しい家庭の子どもと一緒に農作業をしたり手工をしたりする学校を作ることとなった。ペスタロッチは貧しい子どもたちに，経済的自立ができるよう，教育を提供したのである。しかし，当時はまだ公教育の概念が定着していない時代であったため，保護者から「作物を作って売り上げを得ているのだから，子どもに賃金を払え」と言われるなどして学校は閉鎖に追い込まれ，ノイホーフでの事業は完全に頓挫してしまう。それでも，その後もペスタロッチは教育実践に携わり，はじめブルクドルフに作られた彼の学校は，その後ミュンヘンブーフゼー，イヴェルドンと，移転していく中で発展していく。その評判はヨーロッパ中に知れ渡ることとなり，多くの訪問者が学校を訪れた。

　ペスタロッチは教育実践者として，常に貧しい子どもを自立させることを目的としていた。代表著作のひとつである『隠者の夕暮』（*Abendstunde eines Einsiedlers,* 1779-1780）の中の「玉座の上にあっても木の葉の屋根の蔭に住まっても同じ人間，その本質からみた人間，一体彼は何であるか」という一節はペスタロッチの思想をよく表している。しかし，学校の評判が良くなったために富裕層の子どもばかりが集まるようになったり，学校の経営を重視する教員との対立が深まったりと，ペスタロッチの理想とする教育は本人の満足する形で実を結ぶことはなかった。

　ペスタロッチは先にあげた『隠者の夕暮』以外にも，教育に関する多くの著作を残していることでも知られている。『リーンハルトとゲルトルート』（*Lienhard und Gertrud,* 1781-1787），『シュタンツだより』（*Brief an einen Freund* über seinen Aufenthalt in Stans, 1799），『ゲルトルート教育法』（Wie Gertrud ihre Kinder lehrt, 1801），『白鳥の歌』（Schwanengesang, 1826）といった特徴的なタイトルの著作が多く，その内容も詩のような文体で書かれていたり，書簡集であったりすることが多いことが特徴である。

なお，ペスタロッチはコメニウスと同様に実物を通じた直感を重視して「メトーデ」（直観教授）を提唱しているが，この理論は1870年代にスコット（M. M. Scott, 1843-1922）や高嶺秀夫らによって日本にも伝えられ，「庶物指教」として普及した。

6　ヘルバルト

ヘルバルト（J. F. Herbart, 1776-1841）はドイツの哲学者，教育学者である。若くしてその才能を発揮させたヘルバルトは，大学入学以前から，特に哲学の分野において評価されていた。イエナ大学でフィヒテに師事したヘルバルトは，1799年にペスタロッチに面会して大きな影響を受け，大学に戻り教育学の研究を行うようになっていく。

『一般教育学』（Allgemeine Pädagogik aus dem Zweck der Erziehung abgeleitet, 1806）の中で，ヘルバルトは「私はさっそく『教授なき教育』というようなことは，とうてい考えられないことをここに告白する。また逆に，少くともこの書においては『教育しない教授』も同様に認められないだろう」と述べ，「教育学」を科学的な学問として体系化することを目指した。具体的には，教育の目標を倫理学によって打ち出し，教育の方法を心理学によって打ち出すことで，教育学を体系化することを目指したのである。

ヘルバルトの教育理論は「四段階教授説」として知られている。人が知識を理解して行く過程を，「明瞭―連合―系統―方法」の4段階に分けてヘルバルトは分析した。知ろうとすることを明らかにし（明瞭），それらをその他の情報と結びつけ（連合），知識体系の中に位置づけ（系統），自由に扱えるようになる（方法）。こうした流れの中で人は学んでいくとヘルバルトは考えたので

ある。このことから，知識は覚えるだけでは充分ではないとヘルバルトが考えていたことがわかる。知識を「方法」として，自在に扱えるようになることが目指されるべきだということである。

日本との関連をみると，ヘルバルト派の教育説は1890年代後半に紹介され，特にヘルバルトの4段階を「予備―提示―比較―総括―応用」の5段階へと改めたライン（W. Rein, 1847-1929）の五段階教授説は組織的な教育方法理論として日本の実際の教育界に大きな影響を及ぼした。すなわち，教育目的を倫理学に求め，道徳教育を重視した点に着目され，教育勅語を中心とした当時の国家主義教育に適合するものとして受け入れられたのである。

7　フレーベル

フレーベル（F. W. A. Fröbel, 1782-1852）は「幼児教育の祖」とも呼ばれる人物である。ドイツ南部で生まれたフレーベルは，生まれた翌年に母親をなくし，父親ともあまり親しくないという幼少期を過ごした。そのため，母方の叔父の家に引き取られ，自然の中で成長していった。はじめは転職を繰り返していたが，23歳で教師になり，その縁でペスタロッチと出会うこととなる。フレーベルは実際にペスタロッチの学校に2年ほど滞在し，そこで多くの影響をペスタロッチから受ける。その後，「一般ドイツ教育舎」を開校し，1840年に「一般ドイツ幼稚園」を開いた。

著作『人間の教育』（*Die Menschenerziehung*, 1826）の中でフレーベルは，現代にまで続くさまざまな幼児教育の思想を提唱している。フレーベルは子どもが神的な存在であると述べたうえで，発達段階を意識した教育が提供されなければならないと考えていた。フレーベルが作った玩具としては，「恩物」がよく知られている。恩物は第1～第20まで用意されており，第1恩物は毛糸で編まれた球体である。その後，数が増えるにつれて形が複雑化したり小さくなったりしていく。現在の保育所や幼稚園では当たり前のように用意されている，積み木，砂場，粘土といったものも，恩物の中に含まれ，一般的になっていった。

また，フレーベルは『人間の教育』の中で子どもとの関わりについて，「幼児の生活のもっとも美しい姿というのは，遊んでいる子どものことではなかろうか。——遊戯に没頭しきっている子どものことではなかろうか。——遊戯への完全な没頭の後に眠りこんだ子どものことではなかろうか」と述べている。このことから，フレーベルは子どもの興味関心を大切にしながら，子どもがのびのびと過ごすことを願っていたことがわかるだろう。

フレーベルの開いた幼稚園は，ドイツ統一に向けた国民教育機関として位置付けられていたものの，後に自由主義的であり，無神論の教育を行っているとして，禁止令を出されてしまう。フレーベルの死後，禁止令は解除され，幼稚園は世界各地へと広がっていくこととなる。幼稚園（Kindergarten）という言葉そのものも，フレーベルが作った「子どもの庭」という意味の造語であるが，現在でも世界中の幼児教育機関がそう呼ばれていることに，フレーベルの影響の大きさが窺える。

なお，世界初の幼児教育機関を設立したのは，フレーベルではないことに留意しておきたい。フレーベルが幼稚園を作る前に，イギリスで工場法の成立に尽力したことで知られるロバート・オウエン（R. Owen, 1771-1858）によって，1816年に世界初の幼児教育機関である「性格形成学院」が設立されている。また，日本では1876年に東京女子師範学校に附属幼稚園が創設され，フレーベルの幼稚園を模範とする幼稚園教育が初めて行われた。

8　デューイ

デューイ（J. Dewey, 1859-1952）はアメリカの哲学者で，プラグマティズムの大家として知られている。当時のアメリカは，国外では２度の世界大戦を，国内では世界恐慌を経験するなど，激動の時代であった。また，一部の企業が多くの富を独占し，格差が広がる時代でもあった。このような中，デューイは市民の育成を目指し，教育の研究に取り組んだ。

デューイは教育に関して，『学校と社会』（*The School and Society,* 1899）や

『民主主義と教育』(*Democracy and Education: an introduction to the philosophy of education,* 1916) など，さまざまな著作を残している。デューイは教育の目的とは「成長そのもの」であると述べ，子どもの興味関心を大切にしながら，子どもが試行錯誤する，子どもを中心とした教育の在り方を主張した。「このたびは子どもが太陽となり，その周囲を教育のさまざまな装置が回転することになる。子どもが中心となり，その周りに教育についての装置が組織されることになるのである」という『学校と社会』の一節が，そうした子どもを中心にすえるデューイの教育思想を表す言葉として，よく知られている。

　デューイの哲学は，「真理」をいかに知るかをテーマとしていたこれまでの西洋哲学とは異なり，現実の問題の解決をテーマとしている。そのため，教育についても，子どもの現実の経験を重視する「なすことによって学ぶ」教育をデューイは主張した。このことから，デューイの教育思想は「経験主義」と呼ばれている。また，知識は行動を振り返り，その意味を理解しながら徐々に構築され続けていくものと考えていたため，「道具主義」ともいわれている。そして，経験を振り返りながら問題の状況を把握し，その解決のための仮説をたて，実行し，再び振り返るというオキュペーション（仕事）を通じた探究活動の中で，その都度，問題が解決されていくとデューイは考えた。

　こうしたデューイの教育の在り方は，知識獲得を目的とした当時の教育に大きな衝撃を与えることとなる。また，デューイは探究的な学びを充実させるために，環境を整えることの重要性を主張している。さらに，他者とのかかわりの中で協働し，コミュニケーションをとりながら，互いを補足し合うことで，個人では解決できない問題も解決できると考えた。デューイの考える学校の役割は，子どもを社会で活躍できる人材に育成することであり，それは単なる工場労働者を育成することではなく，他者と協力する中で，自ら社会を変え続けられる人材を育成することであった。子ども中心の教育の中で成長した人間がやがて，公共的な民主主義社会を担う人材となり，社会の問題に対しても適切に対応していけるようになることをデューイは願っていたのであろう。

　日本において，デューイの教育思想は大正期の新教育運動等で紹介され，

デューイ本人も1919年に来日し，東京帝国大学で講演を行っている。また，戦後日本の教育においてもデューイの教育思想の影響は大きく，社会科・家庭科等の戦後直後の日本のカリキュラムにも影響を与えている。

9　モンテッソーリ

　モンテッソーリ（M. Montessori, 1870-1952）はイタリアの医学者，教育実践家である。医学研究が男性に独占されていた当時のイタリアで，国内初の女性医学博士となったモンテッソーリは，後に教育に興味をもち，再び大学で学び直し，その後は教育者の道を歩んだ。モンテッソーリが教育の道へ進むきっかけとなったのは，知的障害をもった子どもの施設で働いたことだった。当時は障害をもつ子どもは成長しないという考え方が一般的だったが，モンテッソーリはそうした子どもたちの中にも，確かな成長があることを見出したのである。

　1907年，ローマに設立された「子どもの家」の責任者となったモンテッソーリは，ローマの貧困家庭の子どもに対して教育を行っていく。当時のローマの家庭では，子どものしつけは罰を用いて厳しく行われるべきだという考えが一般的であったが，それに対しモンテッソーリは，子どもは自ら啓発する力をもっており，感覚を通して外の世界の知識を学んでいると考え，適切な環境を用意することで，子どもが成長することを実証していった。こうしたモンテッソーリの実践はイタリアのみでなく，世界中で評価されるようになり，1929年に国際モンテッソーリ協会が設立されるなど，その教育理論は世界へと広がっていった。ヘレン・ケラーやアン・サリバンらも，モンテッソーリの教育の支持者であったことが知られている。

　モンテッソーリは自身の医学的見地を，教育の分野へと応用させていった。その教育理論は『モンテッソーリ・メソッド』（*Il Metodo della Pedagogia Scientifica applicato all'educazione infantile nelle Case dei Bambini*, 1909）の中で詳しく述べられている。モンテッソーリは子どもがさまざまな感覚を発達させる中で，「敏感期」と呼ばれる，ある感覚が最も磨かれる時期があることを主張し，そ

の時期を逃さずに教育することを重視した。そして，教育を行う中で目的を重視し，教師が主役にならないよう，子どもの自発的で動的な活動を促している。

モンテッソーリは「教具」と呼ばれる，遊びながら感覚を鍛えられる玩具を数多く開発していることにも注目したい。教具を用いて，日常生活，感覚，言語，数，文化の5つの領域について教育を行い，それぞれの領域に合わせて，立体の大きさを理解する「はめこみ円柱」（円柱さし）や，色の濃淡を識別する「色板」，重量を識別する「重量板」など，さまざまな教具を用いた。敏感期になれば子どもたちはこれらの教具に没頭し，自ら自身の感覚を磨いていくことを，モンテッソーリは実証していったのである。

参考文献

コメニュウス, J. A. 著, 鈴木秀勇訳『大教授学(1)・(2)』明治図書, 1962年
ルソー, J. J. 著, 今野一雄訳『エミール（上）・（中）・（下）』岩波書店, 1962〜1964年
プラトン著, 久保勉訳『ソクラテスの弁明・クリトン』岩波書店, 1964年
フレーベル著, 荒井武訳『人間の教育（上・下）』岩波書店, 1964年
ロック著, 服部知文訳『教育に関する考察』岩波書店, 1967年
ヘルバルト著, 是常正美訳『一般教育学』玉川大学出版部, 1968年
アリストテレス著, 高田三郎訳『ニコマコス倫理学（上）・（下）』岩波書店, 1971, 1973年
モンテッソーリ著, 阿部真美子・白川蓉子訳『モンテッソーリ・メソッド』明治図書, 1974年
プラトン著, 藤沢令夫訳『国家（上・下）』1979年, 岩波書店
ペスタロッチー著, 長田新訳『隠者の夕暮・シュタンツだより』岩波書店, 1993年
コメニウス, J. A. 著, 井ノ口淳三訳『世界図絵』平凡社, 1995年
デューイ, J. 著, 市村尚久訳『学校と社会　子どもとカリキュラム』講談社, 1998年
キケロー著, 大西英文訳『弁論家について（上）・（下）』岩波書店, 2005年
クインティリアヌス著, 森谷宇一・戸高和弘・渡辺浩司・伊達立晶訳『弁論家の教育1』京都大学学術出版会, 2005年

学びを深めたい人へ

藤井千春編『時代背景から読み解く西洋教育思想』ミネルヴァ書房, 2016年

第15章
日本教育史

　未来に羽ばたく子どもたちを育てるのが教員や学校の役割であるならば，なぜ過去をふりかえって教育の歴史について学ぶ必要があるのだろうか。その理由のひとつとしては，現代の多様な教育問題を考える際，その背景を時間軸をたどって探ってみることで解決の糸口をつかむことができる，ということが考えられる。現代の教育課題を考える際，その議論を深めるためには，その課題の原点に立ち返って，歴史的に考えることは欠くことができない。また，過去に実践された教育の成果や課題を学ぶことによって，未来に向けての教育にとって示唆が得られるということもあるだろう。
　そこで本章では，近現代における日本の教育の歴史について，「公教育」の形成過程，教育理念，学校制度を中心して，その特徴と問題点について学ぶ。また，現代の教育の原点ともいえる戦後の教育改革の理念や民主的な学校制度の確立についても詳しくみていくことにしたい。

1　近代公教育制度の成立

1　近代教育制度の確立

　日本における近代教育は，明治維新直後の模索の時期を経て，1872年の「学制」に始まる。近代国家にとって教育は産業化や国民の統合を実現するための最も重要な手段であり，このため明治政府は「殖産興業」「富国強兵」を実現し，国民の統合を図る目的で，学校教育制度の創設を急務とした。政府の教育に関する基本方針は，学制とともに頒布された「学事奨励に関する被仰出書(おおせいだされがき)」に示されている。そこでは個人の「立身治産」のためには学ぶことが必要であり，そのために学校が設けられていると説かれている。そして，学ぶべき内容は，日常に用いる言語・書算や職業に必要な知識・技能であるとされ，さらには，四民平等の思想を基盤として身分・家柄・性などによる差別なく，すべての人民が就学すべきものと説かれている。このような学制の教育観は，欧米の

近代思想に基づく近代教育の理念に支えられたものであったが，一方では教育は富国強兵・殖産興業を目指した国家目的のなかに位置づけられ，それを実現するための基盤として近代学校制度が構想されたのであった。

　学制の当初の構想は，全国を8大学区に分け，各大学区を32の中学区に区分し，さらに各中学区を210の小学区に分け，各学区にそれぞれの学校を設けるという壮大なものであった。学制は江戸時代の身分によって分けられる複線型の学校体系を排除し，小学校・中学校・大学という近代的な学校体系を構築しようとしたのである。小学校は下等小学4年（8等級）・上等小学（8等級）からなり，男女とも必ず卒業するものとされた。

　小学校は民衆の民費や寄付金によって設立・維持され，1875年にはその数は2万4000を超え，ほぼ現在の校数と同じになっている。しかし，教育内容が庶民の日常生活から遊離していたこと，授業料負担が大きかったことなどにより，就学率は30％程度と低かった。また，その規模は1校あたりの児童数が40人から50人，教員数も1人から2人のものが多く，校舎も40％が寺院，30％が民家を利用したものであり，江戸時代の寺子屋と大差がなかった。

　学制に対する批判の高まりを受けて，1879年に学制が廃止され教育令が公布された。アメリカの教育制度の影響を受けた教育令は学制に比べて地方分権的であり，自由主義的な性格が特徴であった。教育令は小学校の設置や就学に関する条件を緩和し，また地域住民により選挙された学務委員による学校管理を規定するなど，教育の権限を大幅に地方に委譲し，地方の自由裁量を基調とした。しかし，その結果として小学校数の減少や就学率の低下が見られ，教育の自由化が学校を衰退させたと批判された。

　自由主義的な教育令への反動から1880年に公布された改正教育令では，ふたたび国家による統制が強化されることとなった。学校設置・就学義務に関する規定を強化し，また民選だった学務委員を府知事・県令による任命制とするなど中央集権的な方針が定められた。また改正教育令では，これまでは各教科の最後に記されていた修身科が学科の筆頭に据えられ，学制以来の欧米文明の摂取を主要課題とした教育の方針から復古主義的な徳育重視の教育を重視する方

針に転換されている。このように儒教道徳が重視されるようになった要因としては，元田永孚(ながざね)が明治天皇の意を受けて「仁義忠孝」の徳育をこれからの教育の柱とすべしと説いた教学聖旨（1879年）の影響が大きい。

2 近代教育の展開

1885年に太政官制が廃止されて内閣制度が発足し，内閣総理大臣伊藤博文の下，初の文部大臣に森有礼(ありのり)が任ぜられた。森は学制に見られた個人のための教育ではなく，国家のため，国力を高めるための教育という考えに基づいて教育制度改革を推し進めた。そして，富国強兵を支える国民を育てるための国家主義的な教育の整備拡充という流れは，この後の日本の教育指針を方向づけるものとなった。

森有礼は文部大臣に就任すると精力的に教育改革に取り組み，就任の翌年の1886年に帝国大学令，小学校令，中学校令，師範学校令を次々と制定した。従来の学制や教育令が各学校種の制度を一括して規定するものであったのに対し，これらの法令（「諸学校令」と総称される）は学校種別に独立して定められた点に特色がある。

帝国大学は，「国家ノ須要ニ応スル学術技芸ヲ教授シ及其蘊奥(うんのう)ヲ攷究スルヲ以テ目的トス」とあるように，国の要求に適う専門教育と学問研究の機関として設置された。中学校は，「実業ニ就カント欲シ又ハ高等ノ学校ニ入ラント欲スル」者に対して必要な教育を行うことを目的とし，各府県に置かれた尋常中学校と全国5つの区に設置された高等中学校に分けられた。そのうち後者はエリートのための学校として位置づいていた。小学校は，尋常科と高等科の2つの段階からなり，普通教育を行うことを目的とされたが，条文のなかで「普通教育ヲ得サシムルノ義務」を保護者に対して課すことが明記されている。ただし，「義務」とされていたものの，授業料については無償とされず受益者負担の原則がとられていた。そして，師範学校は，「教員トナルヘキモノヲ養成スル所」とされ，尋常師範学校と高等師範学校に分けられた。

1889年，大日本帝国憲法が発布された当日に文部大臣森有礼は暗殺されたが，

帝国憲法によって天皇主権が明確化されたことで，森が敷いた国家のための教育という道筋は，天皇中心の国家主義教育としてさらに強化されていく。翌年1890年には，戦前の日本における国民道徳形成にきわめて大きな役割を果たした「教育ニ関スル勅語」（教育勅語）が，天皇の名で渙発された。教育勅語には，教育を通じて形成すべき「臣民」像が示されており，「天壌無窮ノ皇運ヲ扶翼」する人間，すなわち天皇・国家にすべてを捧げる人間となることが求められた。この勅語は修身教科書の基本的な内容となるとともに，天皇の写真である「御真影」とならんで各学校に頒布され，さまざまな学校儀式でその精神の徹底がはかられるなど，戦前を通じて天皇制国家の精神的支柱として重大な役割を果たした。

教育勅語に先立って公布された第2次小学校令の第1条で，小学校教育の目的が「道徳教育及国民教育ノ基礎並其生活ニ必須ナル普通ノ知識技能ヲ授クル」ことと規定され，1941年の国民学校令で改正されるまで，この規定が戦前の小学校教育の目的となった。ここでいう「国民教育」とは，日本の特性に関する教育のこととされ，「道徳教育」と並んでその内実が教育勅語で明示された。1891年の小学校教則大綱では，教育上最も注意を払うべきこととして「徳性ノ涵養」をあげ，すべての教科目で「道徳教育」と「国民教育」に留意して教える必要性が示されたが，教育勅語の精神を教えることは学校教育全体の目的とされたのである。

なお，第2次小学校令によって，尋常小学校の修業年限が3年または4年とされ，小学簡易科は廃止されたので，義務教育は少なくとも尋常小学校の3年となった。高等小学校の年限については2年，3年または4年と定められた。第2次小学校令では義務教育は有償とされていたが，1900年の小学校令の改正（第3次小学校令）によって尋常小学校は4年間の義務教育期間と定められるとともに，市町村立小学校では授業料が原則として不徴収となり，公教育の原則のひとつである無償制が保障されることになった。この時点で，日本の公教育制度が確立されたといえる。授業料が無償化された結果，小学校就学率は急速に伸び，1902年には90％を超えた。その後，1907年に小学校令の一部改正に

よって義務教育年限が6年に延長された。

　教科書制度をみると，1903年に小学校の教科書制度が検定制度から国定制度へと改められた。その目的は，国家主義による国民教育を強化することにあり，この制度により教員が自主的に教育内容や教材を選択する自由は失われ，教授法も形式的・画一的となり，授業は国家により与えられた内容の伝達が中心となった。

　他方，この時期には中等教育の整備も積極的に進められ，1899年にその総合的な整備が行われた。すなわち，同年2月に中学校令が改正され，従来の尋常中学校は中学校と改称され，また新たに実業学校令と高等女学校令が制定された。これらによって中等教育段階は，①男性の高等普通教育，②女性の高等普通教育，③実業教育に分けられ，性別や将来の進路に対応した形で3系統の諸学校が並立することになった。高等女学校令により女性の中等教育制度がようやく確立されたが，その背景には堅実な中産階層の家庭を維持し，子弟を養育する「良妻賢母」の育成が国家的見地から必要とされたことにあった。

　さらに，各種高等教育機関の整備も進められ，帝国大学・高等学校・専門学校という，第二次世界大戦直後まで続く高等教育体制が確立した。帝国大学はそれまで東京の1校しか存在しなかったが，1897年には京都帝国大学が設置され，続いて東北・九州帝国大学が増設された。それとともに高等学校は帝国大学の予備教育機関としての性格を明確にした。また，1903年3月には専門学校令が公布され，それまで多種多様に発展していた専門学校がひとつに類型化され，公私立高等教育機関も正規な学校体系のなかに位置づけられた。

　こうして「学制」当時単線型であった学校制度は，義務教育段階を単線型とし，以後複線型をとる分岐型学校体系へと変化し，戦後の新学制が確立されるまで維持されていった。

3　大正・昭和戦前期の教育

　日清・日露の戦争を経て確立・発展した日本の資本主義経済体制は，内部に労働者階級を成長させ，また民主主義や社会主義の運動を盛んにした。特に，

第一次世界大戦前後に大正デモクラシー運動を中心とする社会運動が高揚し、教育勅語を支柱とする教育体制に動揺を与えた。混迷する社会状況に対応するため、臨時教育会議（1917年設置）は教育制度全般にわたり国民道徳の徹底、国体観念の振興をはかるべきと答申した。これにより各学校段階の目的規定に国民道徳の涵養が付加され、教育内容の国家主義化が一層進んだ。臨時教育会議の答申に基づいて大学令が制定されたことも、この時期の教育改革として注目される。大学令は従来の帝国大学以外に官公私立大学の設置を認め、さらに単科大学をも容認するものであり、この時期は近代日本の高等教育制度の完成期といえる。

　このように政治体制としては国家主義的な方向に進み、また政治主導で進められる教育改革は国家主義的傾向を強めていったのに対し、民間では、「新教育」あるいは「自由教育」といった教育実践が展開された。新教育運動は第一次世界大戦後の開放的な自由主義・民主主義の思想を背景として、また世界的な新教育運動の高まりのなかで繰り広げられた。これは画一化した詰め込み主義の公教育を批判し、児童の興味・関心、自発性や創造的活動を重視する児童中心的な実践であり、教育史上重要な意義をもつものであった。東北帝国大学や京都帝国大学総長を務めた澤柳政太郎は、1917年に成城小学校を設立し、大正の新教育運動を先導した。当校はドルトン・プランを採用して、その教育方法の中核実践校となる。ドルトン・プランとは伝統的な一斉授業や、受動的学習を排して、個々の生徒の能力に応じた学習計画を立て、それを生徒自らに独力で学ばせる教育方法である。このような児童中心の新教育は、私立学校から始まり、やがて、官公立学校にも波及していった。私立学校としては、澤柳のもとで活躍した赤井米吉は明星学園を設立し、小原國芳は知識・技能教育に偏ることなく、感性・徳性なども重視して、人間性を調和的、全面的に発達させるべきとする「全人教育」論を掲げ、玉川学園を設立した。官公立学校としては、まず兵庫県明石女子師範学校附属小学校において及川平治が中心となり、子どもの学習意欲を引き出させ自発的な学習を促すという観点から、学級教育と個別教育の利点を生かした「分団式動的教育法」が実践された。

1919年，千葉師範学校附属小学校の主事として赴任した手塚岸衛は，同校で「自由教育」を実践した。教師の指示ではなく，子どもが自ら進んでやるという自覚に基づいた自学こそが重要と考え，子どもをあらゆる拘束から解放し，訓練や教授の場合にも自発的な活動を重視した。同じく1919年に奈良女子高等師範学校附属小学校に主事として赴任した木下竹次は，子どもを学習の主人公として捉え，独自学習，相互学習，独自学習という学習形態を生み出した。また，子どもが教科の枠にとらわれないで学ぶ「合科学習」も生み出した。

　さらに，このような動きの頂点をなす出来事として，1921年に当時の新教育思想の主唱者たちが東京高等師範学校の講堂に集い，各自の教育論を披瀝する「八大教育主張」講演会が開催された。この会には全国から小学校教員を中心に多数の教員が参加した。

　また，この時期には芸術教育運動もおこり，その運動家として1918年に児童雑誌『赤い鳥』を創刊した鈴木三重吉，作文において「随意選題」，今でいう自由作文を主張した芦田恵之助（『綴方教授』），絵画において「自由画教育」を実践した山本鼎などがいる。

　しかし，新教育の実践は日本の子どもの社会的現実に即して行われたものではなく，外国の教育理論や実践の紹介・導入を中心としたものであり，天皇制教育体制の枠内での教育内容・方法の改善にとどまった。この教育運動は一時的に興隆したが，やがて文部省の監督が強化され，結局1930年代以降の軍国主義教育のなかに埋れていった。

　大正の終わり頃から始まった不況は昭和初期には大恐慌となり，日本経済を疲弊させた。この不況によって小作争議が頻繁に起こり，社会主義運動や労働運動も次第に盛んになっていった。

　この時期，労働者階級の立場から，労働者の社会的解放と人間的発展をめざしたプロレタリア教育運動や公権力の教育支配に対抗する下からの教育であり，子どもの実感や要求を出発点とし，生活者としての現実認識を育てようとした生活綴方運動などが全国に広がりつつあった。それに対し，政府は1925年に治安維持法を制定して社会主義運動を取り締まり，思想統制を図った。そして

1931年に満州事変が勃発すると，軍部が政治的な発言力を強め，教育にも軍国主義の影響が色濃く現れるようになっていく。当時の国家体制に馴染まない側面をもっていた教育運動，自由主義的な思想や学問に対して弾圧が加えられていった。

　政府はこのように民間の教育運動を抑圧する一方で，国民の思想統制の強化を図るため，さまざまな教育施策を展開した。1935年に文部省は社会主義思想や自由主義思想を排除し，天皇中心の「国体」観念を基調とした教育の基本精神の振興を目的とする教学刷新評議会を設置した。1937年にはこの教学刷新評議会の答申に基づき，文部省が『国体の本義』を全国の学校や社会教育団体に配布している。さらに同年には教育審議会を設置し，戦時体制下における教育の内容および制度の改革を断行した。

　とくに教育審議会の答申に基づく制度上の大きな改革としては，1941年3月の国民学校令の公布がある。「学制」以来用いられてきた小学校の名称が国民学校と改められ，その教育目的は国民の基礎的錬成とされた。教育内容では，従来の教科が統合され，「国民科」「理数科」「体練科」「芸能科」「実業科」などにまとめられた。

　また，1935年に実業補習学校と青年訓練所の統合によって青年学校が新設され，1939年には男子に限り義務化されて，すべての青年に教練を行うような仕組みが整えられた。学校外では，国民精神総動員運動が展開され，「挙国一致」のスローガンを掲げ，総力戦に備えた国民意識の高揚を図った。社会教育関係の団体は，この思想運動の下に中央集権的組織に組み込まれる形で統合され，学校外で思想善導の役割を果たす手段として利用された。

　こうして戦時下の教育は，皇国思想を注入し，戦時にふさわしい国民の育成を目的として，戦争遂行のための手段として機能していたのである。1941年の太平洋戦争の突入後，1943年頃から大都市の国民学校では学童疎開が行われ，児童は地方へ移り，また中等以上の諸学校では勤労動員によって学生・生徒が工場などで年間を通して働くようになった。さらに，1943年からは高等教育機関に在籍する男性の学徒出陣が開始され，戦況の悪化に伴い，ついに学校教育

はその機能を停止した。

2　戦後新教育制度の確立

1　民主的教育制度の確立

　1945年のポツダム宣言受諾によって，新しい日本の建設が開始され，学校は9月から再開されることとなった。しかし，多くの都市や沖縄では国民学校から大学に至るまで，空襲で焼失した校舎が少なくなかった。また食糧事情も極度に悪化しており，直ちに通常の授業に戻れる状況にはなかった。こうしたなかで同年9月，文部省は文化国家を建設し民主主義によって日本を再建するという「新日本建設ノ教育方針」を発表した。しかし，その基本方針のひとつに，今後の教育は「益々国体ノ護持ニ努ムル」ことが掲げられていた。

　一方，連合国軍総司令部（GHQ）は教育を占領政策として重視し，その政策の下で教育改革がなされることになった。総司令部は日本の教育から超国家主義的，軍国主義的要素を払拭し，民主的教育を再建することを基本方針とし，1945年10月から12月にかけて日本教育制度に対する管理政策指令，軍国主義者・極端な国家主義者の教職からの追放指令，国家神道の禁止指令，修身・国史・地理授業停止指令のいわゆる「4大教育指令」を出した。さらに翌年3月，総司令部の要請に基づいてアメリカ教育使節団が来日し，日本の教育改革についての報告書をまとめた。そして同報告書に示された基本方針と方策に基づいて，戦後の教育改革が行われることとなった。すなわち，8月には内閣の諮問機関として教育刷新委員会が設けられ，戦後の教育改革について審議し，教育基本法や学校教育法に直結する重要事項を建議した。その結果，日本の教育は理念上も制度上も民主的な体制を整えることになった。

　1946年11月，国民主権・平和主義・基本的人権の尊重を基本原理とする日本国憲法が公布された。この憲法では，思想・信条の自由，表現の自由，学問の自由などを保障するとともに，第26条で教育を受ける権利を定めた。教育を受けることは基本的人権のひとつで，国民の権利とした点は，戦前に教育権は国

民をどう教育するかといった国家の権力と解されていたことを考えると，極めて意義あるものといえる。

2 教育基本法の制定

　この日本国憲法の下で，教育勅語に代わる教育の基本的在り方の拠り所となる法令の制定が求められた。教育刷新委員会での審議の結果，1947年に教育基本法が制定された。教育基本法は憲法の根本理念の実現は「教育の力にまつべき」とするとともに，「人格の完成」を目指し，平和的な社会の形成者として，真理と正義を愛する人間の育成を教育目的として掲げた。さらに同法は，義務教育の無償，教育の機会均等，男女共学，教育の宗教的中立，教育行政の独立など，教育を受ける権利を実現するための諸原則を定め，民主的な近代公教育の理念を明文化した。ここに，戦前の大日本帝国憲法・教育勅語体制に代わって日本国憲法・教育基本法体制が確立した。なお，教育勅語は1948年に両院で排除・失効確認の決議がなされ，学校教育から全面的に排除された。

　この教育基本法の教育理念のもとで，47年に学校教育法が制定され，学校種ごとの新しい教育目的と教育目標が定められた。そして，同年4月に新学制に基づく小中学校が発足し，翌1948年には新制高等学校，そして49年に新制大学が発足した。また，48年には新しい教育行政組織の法的根拠となる教育委員会法が制定され，社会教育に関しては49年6月に社会教育法が制定されるなど，学校教育と社会教育にわたる法的整備が進められた。

　こうして1947年から49年の間に，6・3・3・4制の単線型学校制度の整備，男女共学の実施や社会科の新設，教育委員会制度の創設，社会教育制度の基盤整備など多くの新制度が発足した。教育内容面では，1947年に小中高校に学習指導要領が導入されるとともに，1949年から検定教科書が使用され，教員が地域と子どもの現実を考えて授業内容・方法に創意工夫をこらすことができるようになった。また教員養成については，大学教育を基盤とし，教育学部・学芸学部以外の学部を卒業しても教員免許状を取得できることにした。

3 教育の整備・拡充

　6・3制義務教育の定着とともに，続いて施設や教員給与などの国庫負担が始まり，教育財政の制度的保障が確立されていった。また，学習内容については，当初は教師用手引として発行された学習指導要領はその性格が改められ，1958年の全面改訂によって法的拘束力をもつようになる。教科書制度は，上述したように1949年から検定制度となっているが，1963年に義務教育諸学校の教科用図書の無償措置に関する法律が施行され，義務教育学校においては無償となった。

　一方，高等教育の改革も進められた。新制大学発足以来，大学設置数の増加や学部学科の増設が積極的に取り組まれ，高等教育への進学者が急激に増大するようになる。1950年には，大学設置のための暫定的措置として短期大学が発足し，設置数も増えて著しく発展してくると，独自の高等教育機関としての地位を占めるようになった。短期大学は，「深く専門の学芸を教授研究し，職業又は実際生活に必要な能力を育成すること」を目的に設置されたが，とくに女性の進学希望者の需要に応えて発展していった。

　1960年前後からの高度経済成長の社会において，経済界から産業構造の変化に見合った労働力，つまり能力と適性に応じた教育と企業への適応力や帰属心を備えた質の高い労働力の育成が要請され，これに伴い文部省は工業・商業などの高等学校の多様化，大学における理工系学部の増設を進める政策を実施し，産業界との連携を強めた。さらに1962年には，経済・産業・科学の発達に伴う中堅技術者不足を補う目的で，高等専門学校の制度を創設した。また，1966年に中央教育審議会は「期待される人間像」を提示し，愛国心や天皇への敬愛の必要性を強調した。この時期，教育を高度経済成長政策の一環としてとらえる傾向が強くなり，とくに財界は人的能力開発政策をはじめ，高度経済成長に応じることのできる人材育成に関心を寄せることとなった。

　1970年代以降も，高学歴人材への需要が高まり続け，また国民の経済力の向上とも相まって高等学校・大学への進学率は急増し，受験教育や進学競争が一層激化した。このような状況を反映し，1960年代後半の教育内容の高度化の一

方で,「詰め込み教育」「落ちこぼれ」が多くの学校現場で見られるようになり,また塾通いも社会問題化した。このような高学歴社会が進行するなかで,1980年代以降は「偏差値偏重」の進路指導が問題とされ,また高等学校の退学者が急増するなどした。さらにその後も,小学校・中学校を中心に校内暴力,いじめ,不登校,学級崩壊など,いわゆる教育の荒廃と称せられる事態が深刻化し,また今日では学力低下をめぐる議論がなされている。

　戦後の日本の教育制度は,2000年代に入ってから教育基本法および学校教育法の改正という大きな転換を迎え,あらたな時代に突入したといえる。その一方で,本書の第15章で詳しく学ぶように,学校教育をめぐる状況はますます混迷を深め,解決の糸口は容易には見出せない状態が続いている。現在直面する教育の問題が,過去のどこにその原因があるかを意識しながら教育の歴史を振り返り,今日の新しい教育基本法に規定された個人の人格的確立を中核とした教育理念を再確認するとともに,新たな社会状況のなかでの教育再生を模索していくことが求められている。

参考文献

太田堯『戦後日本教育史』岩波書店,1978年
山住正己『日本教育小史』岩波書店,1987年
海後宗臣・仲新・寺﨑昌男『教科書でみる近現代日本の教育』東京書籍,1999年
久保義三・駒込武・米田俊彦・児美川孝一郎『現代教育史事典』東京書籍,2001年

学びを深めたい人へ

中内敏夫『新しい教育史―制度史から社会史への試み』新評論,1987年
辻本雅史監修『論集 現代日本の教育史』第1巻～第7巻,日本図書センター,2013～2014年

第16章
現代社会と教育

> 多様化する個人の価値観やライフスタイル，複雑化する人間関係，科学技術の進展に伴う知識の増大や高度化，国境を越えて国際化する人々の関係，現代の社会は，「多様化」「高度化」「複雑化」「国際化」などという言葉により語られることが多い。このような多様で複雑化する現代社会において，今後の教育はどうあるべきなのだろうか。
> 本章では，「現代社会と教育」という視点から，今後の教育を考えるための基礎的知識と視点を提供することを目的とする。具体的には，家庭や地域など，現代の教育を取り巻く社会的環境の変化を確認するとともに，多様化する学び方や新たな学力観についての理解を深める。また，いじめや不登校，多文化共生や国際理解教育，安全教育などを取り上げて，今後の教育において重視すべき指針のひとつである「人権」について考えてみたい。

1 現代社会の変容と教育

1 子どもを取り巻く環境―学校・家庭・地域社会
1）学校教育，家庭教育，社会教育の役割
　教育が行われる「場」を考えるとき，多くの人々には，中学校や高等学校のような学校が想起されるのではないだろうか。しかし，自らの体験を振り返ってみれば，個人の生育においては，学校での教育だけでなく，家庭における教育や地域社会における教育も大きな役割を果たしていたことに気づくだろう。
　これら3つの教育は，その目的や形態に応じて「フォーマル・エデュケーション（formal edu.）」「ノンフォーマル・エデュケーション（non-formal edu.）」「インフォーマル・エデュケーション（informal edu.）」と分けることができる。学校教育のように，一定の組織性と計画性をもち，対象も明確な教育を「フォーマル・エデュケーション」，社会教育のように，ある程度の組織性や計画性を有しつつ，標準的な目的やカリキュラムをもたない教育を「ノンフォー

マル・エデュケーション」とよぶ。さらに，家庭・社会・学校などにおける日常生活のなかで知らずしらず培った経験，さまざまな影響を受けた結果など，意図されない教育は「インフォーマル・エデュケーション」ということになる。

インフォーマル・エデュケーションの代表例としてあげられるのが，家庭や地域社会がもつ教育的作用である。子どもたちの日常生活の場である家庭や地域は，そこでの文化的・社会的・自然的環境が，青少年期の各発達段階に及ぼすさまざまな教育作用を含むものであった。本来，家庭教育は子どもの基礎的な人格を形成し，地域はその環境が醸し出す雰囲気のなかで子どもの人格形成に一定のかかわりをもっていたといえる。しかし，近年は家庭や地域をはじめ，教育を取り巻く社会環境は大きく変化している。少子高齢化，家族形態の変化，都市化，価値観の多様化にともない，子どもの生活も一変した。ここでは，社会の変化と教育について，代表的な事項を取り上げ考えてみよう。

2) 家庭・地域社会の変化と学校教育

まず，家庭・地域社会の変化について取り上げる。現代では，核家族の増加やライフスタイルの変化により，子どもの家庭環境が多様化した。各家庭で重視される価値観も多様となり，子どもの規範意識も家庭により異なる。働き方の変化により共働きの家庭も増加し，保護者が家庭教育に十分な時間を割くことも難しくなっている。このため，基本的な生活習慣を身につけないまま就学する児童も増加した。都市化による遊び場の減少や，塾通いや習い事による多忙化のため，遊びを通じた子ども相互の関係による人間的成長の機会や，自然のなかでの遊びを通じた原体験の機会も減少している。さらに，ライフスタイルの変化は，生活習慣の乱れも引き起こしている。

地域においても，過疎化と過密化の同時進行などによる人間関係の希薄化，職住の分離による地域との結びつきの弱体化などの要因により，人間的・地縁的なつながりが希薄になっている。このような変化のなかで，従来，家庭や地域が果たしてきた教育的な役割が十分に機能しない状況にある。さらに，家庭と地域社会のあり方の変容とその教育力の低下は，家庭・地域との相互関係によって成立していた学校教育にも影響を与えている。とりわけ，これまで家庭

や地域に期待されていた教育機能の補完が学校に要求されるようになり，教員の負担を増大させている点は問題といえよう。

　現代社会においては，子どもたちを取り巻く生活環境は著しく変化し，学校現場に対する社会的な要求もますます多様化しつつある。現代の教員の多くは増え続ける学校教育への要求や課題への対応に追われ，自らの教育実践を深く追求する時間的余裕がないことも指摘される。今後は，子どもたちのどのような知識や能力の習得を重視し，どのような資質の形成を優先すべきなのか，学校教育の役割の再検討が必要となる。また，少子高齢化社会の到来により，家庭・地域の連携を促進し，互いに支え合う社会を築くことも大切である。

3）国際化と情報化社会の進展

　次に，日本を取り巻く世界的な動向も確認しよう。21世紀を迎え，日本を取り巻く社会的環境も大きく変化している。そのひとつが国際化の急激な進展である。人，物，情報，資本などが従来の国境を越えて移動し，相互に影響を及ぼす国際化が進み，他国との結びつきがこれまでにないほど強固となった。このため，国際的な関係性を考慮せずに，国の指針を決めることは困難になっている。国内においても，留学生や観光客をはじめとして，さまざまな国の人々と接する機会が増え，さらに長期間居住する外国籍の人々も増加している。一方で，国際的な競争も一層激しくなり，それは時として民族や国家間の摩擦や深刻な衝突をもたらすこともある。日本国内でも，オールドカマー・ニューカマーと呼ばれる定住（在日）外国人に対する差別問題などの社会的課題が存在している。このような社会では，異なる文化を理解し尊重する共生の精神や，多文化への理解や共生を促進するための教育が求められている。

　また，現代社会では，科学技術の発展や高度化が急速に進んでいる。とりわけ，携帯電話やインターネットなどの情報技術の発達と普及により，人々の生活も大きく変化している。これらの技術や機器の利用により，情報や知識を獲得する際の利便性は向上した。一方で，子どもたちの交友関係も，これまでの学校内・地域内のつながりを超えて拡大を続けている。そして，相互の顔が見えず，身体的接触のない，仮想空間での交流の広がりに応じて，これらの技術

や機器を利用した「いじめ問題」も増加している。必要な情報を適切に選択し活用できる力や，情報倫理を身につける機会を設けることが，教育において大切になった時代ともいえる。

2　日本の学校教育の諸課題
1）知識基盤社会における教育

先に見た家庭や地域の変容による学校教育への要求のみならず，現代の学校教育に対しては，異なる面からも改革が求められている。そのひとつが「知識基盤社会（knowledge-based society）」に対応する教育である。「知識基盤社会」とは，どのような社会なのか。2005年の中央教育審議会答申「我が国の高等教育の将来像」によれば，「新しい知識・情報・技術が政治・経済・文化をはじめ社会のあらゆる領域での活動の基盤として飛躍的に重要性を増す」社会と定義されている。その特質は，①知識には国境がなく，国際化が一層進むこと，②知識は日進月歩であり，競争と技術革新が絶え間なく生まれること，③知識の進展はパラダイムの転換を伴うことが多く，幅広い知識と柔軟な思考力に基づく判断が重要となること，④性別や年齢を問わず社会に参画することが促進されること，などがあげられる。

この知識基盤社会の到来により，知識は常に新しい知識へとリフレッシュすることが必要となる。このため，知識そのものよりも知識を獲得する方法や活用法が重要になると考えられている。このような時代を担う人間に必要な能力こそが，1998年以降に告示された学習指導要領の基本理念とされた「生きる力」である。1990年代後半以降の学校教育は，この知識基盤社会の到来を前提に改革が進展してきた。たとえば，学校教育における「総合的な学習の時間」や「情報科」は，知識の獲得法やそれに向けて意欲を高めるために設けられた。

2）学習社会の到来と教育

さらに，この知識基盤社会という将来像は，今後の社会が「学習社会」であることの必要性を明示している。学習社会（生涯学習社会）とは，学校教育の機会のみならず，生涯にわたって学習機会が保障された社会のことを指す。

1960年代にフランスのラングラン（P. Lengrand, 1910-2003）やアメリカのハッチンス（R. M. Hutchins, 1899-1977）などにより提起されて以来，学校教育中心・経済成長重視の教育に代わる新たな教育理念として，さまざまな教育論や教育政策のなかで取り上げられてきた。1992年の生涯学習審議会答申「今後の社会の動向に対応した生涯学習の振興方策」においては「我が国では，生涯のいつでも，自由に学習機会を選択して学ぶことができ，その成果が社会において適切に評価されるような生涯学習社会を目指すべき」と述べられ，その振興が目指されている。今後は，学校において習得した知識や技術を，常に新しくすることが求められると考えられており，生涯教育の充実は知識・技術の刷新の場を保障することになる。また，学校教育も各学校段階において完結するのではなく，個々人の生涯を見据えた教育を実施することが求められている。

3）子どもの「学力」や学習における課題

　子どもたちの「学力」においては，どのような課題があるのだろうか。OECDによるPISAや国際教育到達度評価学会によるTIMSSなど国際的な学力調査の結果が，メディアで取り上げられるようになって久しい。これらの学力調査によれば，日本の子どもたちの学力は，国際的にみて上位に位置している。しかし，「科学の楽しさ」「理科学習者としての自己効力感」「日常生活に役立つ」など，生徒の科学に対する態度については，増加傾向にあるものの，依然として参加国内で平均以下の位置となっている。2017年公示の学習指導要領で示されたように，今後は知識の習得などの基礎的な学力の向上を徹底しつつ，学びに向かう意欲や態度，学んだ知識や技術を活用する力などについても高めていく必要があるだろう。その他にも，「全国学力・学習状況調査」の結果からは，学力の地域間格差も依然として解消されていないことがわかる。これらの学力格差解消も，今後の課題となる。

　また，近年では新たな学校教育の課題として，学習障害（LD）・注意欠陥多動性障害（ADHD）など，特別な支援が必要な子どもたちの増加も指摘されている。学校における特別支援教育の推進体制は，一定の進展をみせつつも，専門性の高い教員の確保などは十分でない。個々人のニーズや個性に合わせた支

援を行うためにも，これらの拡充が大切である。

以上のように，現代社会の変容により，教育に関する諸課題も，より多様化・複雑化している現状にある。今後の学校教育およびそこで教育に携わる教員は，これらのより一層多様化・複雑化する教育課題に対して，真摯に向き合い，対応していくことが求められているといえる。

2　今後の社会と教育

1　今後の教育とその目指すべきもの

1）今後の教育の指針としての人権

第1節でみたように，日本の学校教育，家庭教育，社会教育は多様で複雑な問題を抱えている。このような状況において，今後の教育は何を目的として行われるべきなのだろうか。教育に関する問題が複雑化・多様化する現代においてこそ，その目指すべきものを明確にすることが必要である。

今日の教育が目指すべき基本的価値の柱のひとつとして，本項では「人権」を取り上げて考えてみたい。日本国憲法では，生命と自由を確保し，各人の幸福を追求する基本的人権を「侵すことのできない永久の権利」と定めている。また，教育の理念を示した教育基本法でも，「個人の尊厳を重んじ」ることを謳っていることからも，「人権」に関する教育を重視すべきことは明らかであろう。人権は，人が「人」として生きるための拠りどころである。歴史をみれば明らかなように，人権はかつてそれが保障され得なかった時代の人々の苦闘の果てに，今日「人類普遍の原理」となったかけがえのない歴史的所産であり，いかなる事態に直面しようとも見失ってはならない現代社会の基本的な原理といえよう。

2）人権と「いじめ問題」

他方，社会のあり方が複雑化し，価値観の多様化や生き方の個人主義的傾向が強まりつつある現代社会においては，時として，人権の社会的指針としての価値を見失いかねない事態に直面することもある。そして子どもたちは，社会

状況の矛盾に最も敏感に反応し，大人以上に大きなストレスを抱え込み，時として人権を無視した行為に及ぶことにもなる。

　現代の学校で頻発する「いじめ問題」は，深刻な人権問題といえる。2017年度に文部科学省が実施した「児童生徒の問題行動・不登校等生徒指導上の諸課題に関する調査」によれば，小学校，中学校，高等学校におけるいじめの「認知件数」は約41万2,300件であった。ここ数年の数値は増加傾向にあり，解決に向かっているとは言い難い状況にある（図表16.1）。なお，認知件数は，あくまでも学校の教職員らにより認知された件数である。このため深刻ないじめ問題が発生した場合など，前年度に比較して数値が増加する点に留意が必要である。

　「いじめ」とはどのように定義されるのだろうか。従来の文部科学省の定義では，「自分より弱い者に対して一方的に，身体的・心理的な攻撃を継続的に

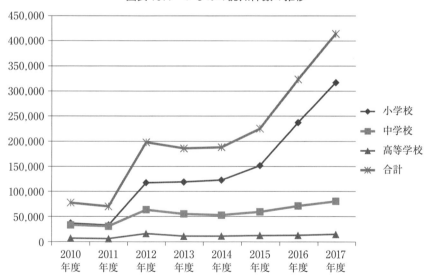

図表16.1　いじめの認知件数の推移

注）　2013年度からは高等学校に通信制課程を含む
出所）　文部科学省「平成29年度　児童生徒の問題行動・不登校等生徒指導上の諸課題に関する調査」をもとに作成

加え，相手が深刻な苦痛を感じているもの」としていた。しかし，「一方的」「継続的」「深刻な苦痛」をどのようにとらえるか個人差があり，いじめの認知が難しいとの批判がなされた。そこで，2006年度からは，いじめの認知においては「いじめられた児童生徒の立場に立って行う」という基本方針を示すとともに，「一定の人間関係のある者から，心理的・物理的な攻撃を受けたことにより，精神的な苦痛を感じているもの」と，その定義を改めた。また，いじめに起因する就学校の指定変更や区域外就学も容認するなど，より被害を受ける児童・生徒の立場に立つものに改善されている。

さらに2013年には，いじめ問題に対し社会全体で向き合い対処するための「いじめ防止対策推進法」が施行された。同法は，いじめを「児童生徒に対して，当該児童生徒が在籍する学校に在籍している等当該児童生徒と一定の人的関係のある他の児童生徒が行う心理又は物理的な影響を与える行為（インターネットを通じて行われるものも含む。）であって，当該行為の対象となった児童生徒が心身の苦痛を感じているもの」と定義するとともに，いじめの調査や防止対策を徹底するよう定めている。

現代型の「いじめ」は，「被害者」と「加害者」が一定ではないことも特徴である。たとえば，クラスの大半が，時に積極的な「加害者」となり，それを囃し立て助長する「観衆」となり，「傍観者」としてその時々の「被害者」を取り巻く構図が顕著にみられる。このため，陰湿性・悪質性・長期性において，「いじめられる側にも問題がある」といった従来の理解では，全く解決の糸口が見えない。また，近年では携帯電話やパソコンなどの通信機器を使用した「ネットいじめ」が増加しており，教員の目がより届きにくい状況となっている点も解決を困難にしている。

3）人権と不登校

また，いじめと深く関連し，児童・生徒の人権問題となるのが「不登校」である。文部科学省は「不登校児童生徒」について「何らかの心理的，情緒的，身体的あるいは社会的要因・背景により，登校しないあるいはしたくともできない状況にあるために年間30日以上欠席した者のうち，病気や経済的な理由に

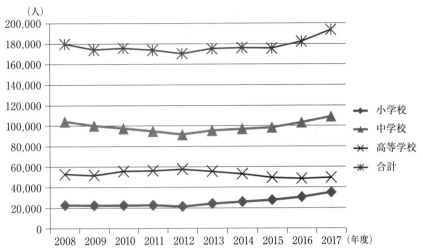

図表16.2 不登校の児童・生徒数の推移

出所 文部科学省「平成29年度 児童生徒の問題行動・不登校等生徒指導上の諸課題に関する調査」をもとに作成

よる者を除いたもの」と定義している。図表16.2に示したように，過去10年間の不登校の児童・生徒は全体で約17万人から約19万3,000人の間を推移しており，多数の児童・生徒が登校することができず，教育を受ける権利が十分に保障されていない状況にある。

　子どもたちの「不登校」の要因はどのようなものであろうか。文部科学省が実施した「平成29年度児童生徒の問題行動・不登校等生徒指導上の諸課題に関する調査」によれば，中学生が不登校となる要因として「不安の傾向がある」が32.1%，「無気力の傾向がある」が30.6%と上位を占めた。また「不安の傾向がある」生徒では，学校や家庭に係る要因として「進路に係る不安」や「入学・転編入学・進級時の不適応」を理由にあげる生徒が多い。「無気力の傾向がある」生徒では，「学業の不振」「家庭に係る状況」を要因と回答する生徒が多くなっている。友人関係や学業，進路など，学校生活に起因する問題が不登校の要因となるだけでなく，家庭生活の問題も影響することがわかる。家庭におけるライフスタイルの多様化など，学校以外の影響にも留意が必要といえる。

「いじめ」や「不登校」に共通する視点として，どの子どもにも起こり得る身近な課題であること，教員の児童・生徒観や対応のあり方が問われる問題であり，子どもの立場に寄り添う親身の支援が必要なことがあげられる。文部科学省は「ただ待つだけでは，状況の改善にならない」と指摘し，子どもや周囲の状況をよく見極めたうえでの適切な支援の必要性を訴えている。特に，現代では，学校・家庭・地域社会の連携を構築し，困難な状況下にある児童・生徒を支援して，学校以外にも多様な学習機会を提供することも対策として取られている（いじめ，不登校の指導に関しては，「第8章生徒指導」を参照）。

また，「人権教育及び人権啓発の推進に関する法律」（2000年）により，人権が尊重される社会を築くための，教育の基本理念，施策の制度的な措置が示された。さらに，2002年には同法に基づく「人権教育・啓発に関する基本計画」が閣議決定されている。これらは，ネットによる人権侵害など，国際化，情報化が進み人権に関する新たな課題が生じるなかで，人権尊重社会の実現を目指して，人権教育・啓発を総合的・計画的に推進するための指針である。価値観の多様化や国際化が進展する現代では，個々人の差異を認め合い，差別や偏見なく他者と共感的に関わり合い，共に生活することが求められている。その柱となるのは，日本国憲法，教育基本法が掲げる「基本的人権の尊重」である。

4）児童・生徒の生命の保護と「学校保健安全法」

子どもの人権を考えるうえで，その生命を保護し，安全かつ安心して生活できるようにすることも重要である。特に，児童・生徒が多くの時間を過ごす学校は，子どもの健康と安全に資する場所として機能することが求められる。しかし，学校の管理下で起こる事故や事件は絶えず発生している。独立行政法人日本スポーツ振興センターの『学校の管理下の災害』（平成29年版）によれば，2016年に中学校で発生した事件・事故の件数は合計359,703件，高等学校における件数は合計266,588件であった。中学校，高等学校とも，部活動などの課外活動における事故が，それぞれ51.8％，60％と半数以上を占めるなど，部活動指導時，とりわけ体育的な部活動の安全管理が急務であることがわかる。

また，その位置や気象などの地理的特性により自然災害の発生しやすい日本

列島では，地震，津波，火山噴火，台風，豪雨，豪雪，洪水や土砂災害などが頻発する。とりわけ，2011年3月に発生した東日本大震災は，東日本を中心に，日本各地に深刻な被害を与え，市民の防災への意識も強まっている。このような状況下において，危機管理や事故対応を含む学校安全の必要性や，それに向けた学校の取り組み，児童・生徒に向けた安全教育活動を充実させる重要性は，ますます高まりをみせてるといえよう。

学校における保健管理や安全管理について定めた法律としては，1958年に制定された「学校保健法」がある。この学校保健法は，2008年の改正に伴い「学校保健安全法」に改称された。学校保健安全法は，児童・生徒や教職員の健康の保持増進と安全の確保をはかり，学校教育の円滑な実施と成果の確保に資することを目的としており，学校における保健や安全に関わる取り組みが，確実かつ効果的に実施されるよう，国及び地方公共団体が財政上の措置や，必要な施策を講じることを義務づけている。

また，同法は学校保健と学校安全の2つから構成される。学校保健に関しては，学校設置者の責務，学校保健計画の策定と実施，学校環境衛生基準，保健室の設置，健康相談，保健指導，地域の医療機関や保健所との連携，児童・生徒及び教職員の健康診断，感染症予防，学校保健技師や学校医，学校薬剤師の人員配置，地方公共団体の援助や国の財政補助について規定する。学校安全については，学校設置者の責務，学校安全計画の策定・実施，学校長の責務，危険等発生時対処要領の作成，地域の関係機関との連携を定めた。

学校保健安全法が定めるように，国や地方自治体，さらに学校教育に携わる教職員は，児童・生徒の生命を保護し，安全な生活・教育環境の保障をいかに実現するかが問われている。文部科学省では，2016年に「学校事故対応に関する指針」を公表しており，地方自治体や学校に求められる取り組みの指針を示している。具体的には，教員の研修や児童・生徒向けの安全教育など未然防止のための取り組み，事故発生時の対応，事故報告などの初期対応，事件・事故に対する詳細調査，再発防止策の策定・実施，被害児童・生徒や保護者へ支援について述べられている。また，各学校では，この指針に基づき「危険等発生

時対処要領（危機管理マニュアル）」を策定することになっている。そして，危機管理マニュアルに基づき避難訓練等，学校安全に関わる各種の活動を実施し，これらを通じて明らかになった課題について改善・改良を図り，マニュアルの改訂をおこなうことも求められる。

このように，子どもの生命を保護し，安全な環境を保障するためには，教員が，生活安全・交通安全・災害安全の各領域や，学校をとりまく新たな安全上の課題に関し理解を深め，学校における安全管理を徹底するとともに，児童・生徒の防犯・防災意識を高めるための安全教育を充実させるなど，管理と教育の両面から具体的な取り組みを実施する必要がある。

2　世界の教育課題と日本の教育―国際理解と「共生」の教育
1）世界人権宣言と子どもの権利条約

第二次世界大戦の戦禍は，世界の教育思潮にも大きな影響をもたらした。1948年に国連総会で採択された「世界人権宣言」は，その象徴といえる。同宣言の第26条ではすべての人々が教育を受ける権利を有することを掲げ，少なくとも初等教育段階は「無償」で「義務的でなければならない」とする。さらに，教育は「人格の完全な発展並びに人権及び基本的自由の尊重の強化を目的」とすべきことや，子どもの教育において保護者が「優先的権利を有する」ことが宣言され，世界各国で教育改革がなされる際の指針となっている。

世界人権宣言は，自由と人権の抑圧，人種や宗教の違いを根拠とした差別や偏見が軍国主義・ファシズムの温床となり，第二次世界大戦によって未曽有の人権侵害がもたらされた反省から採択されたのである。同宣言は，人権侵害の克服を教育により果たすことを目指し，すべての国々と人々が達成する必要がある人権の世界基準とされた。また，同宣言が教育の目的を，すべての国および人種，宗教的集団の相互理解，寛容および友好関係を増進するために行われるべきと謳っていることは，今後の教育を考えるうえで重要な指針となる。

さらに1989年に採択された「児童の権利に関する条約（子どもの権利条約）」は，先の世界人権宣言と1959年に採択の「児童権利宣言」の流れを受けて，世

界的に保護されるべき児童の諸権利を明確にし，締約国にその趣旨の実行を義務づけた。同条約では，児童の「最善の利益」が考慮されること，児童の養育に対する「第一義的責任」は保護者が有すること，児童は「自己の意見を表明」する権利を有することなど，児童の人権尊重と保護の促進が目指されている。

2）国際理解教育と多文化共生社会

また，世界各国の人々が国情の違いを乗り越えて相互に理解しあい，人間としての尊敬と信頼に基づきながら，世界平和の実現と人類の福祉を促進し，「共生社会」を実現するための教育として，ユネスコを中心に進められているのが「国際理解教育」である。国際理解教育の要旨は1974年の第18回ユネスコ総会で採択された「勧告」に示されている。同勧告は教育政策の国際的な指導原則として，すべての段階及び形態の教育に国際的側面および世界的視点をもたせることや，すべての民族並びにその文化，文明，価値および生活様式を理解し尊重すること，国際的な連帯や協力の必要性を理解することなどを掲げている。これらの目標が，日本国憲法の前文で示された日本の基本方針と軌を一にしていることは，国際理解教育の重要性を示すものといえる。

なお近年は，国際理解を妨げる人種・宗教対立に関わる諸課題への取り組みとともに，自民族中心主義の克服や地球上の環境問題に関する注意を喚起し，世界的な視野から人間の自由と尊厳，人権と平和に対する理解を促進することが求められている。また，日本の学校教育における，定住外国人・帰国子女への対応の必要性も高まっており，多文化共生教育への理解と取り組みに，さらなる注意が向けられるべきであろう。

そして，今後の教育においては，これら子どもの権利の尊重や，人権への意識を基盤に，共生的で平和的な社会を形成する「市民」を育成することが求められている。2015年には，公職選挙法の改正により選挙権年齢が18歳以上に引き下げられた。このような社会制度の変化において，主権者として社会の中で自立し，他者と協働しながら社会で生活するための力を育む主権者教育の充実も大切である。また，共生的で平和的な社会を築くための「平和教育」は，今

後の人類のあり方を方向づける基本的な教育の柱といえるだろう。「人権」「共生」「平和」などの理念は，教科のみならず特別活動や総合的な学習の時間など，全ての教育活動で重視されるべきであるし，学校・社会・家庭を貫く教育の基本原理として，それらの教育内容に具体化されなければならない。その実現のためにも，新教育基本法の第1条で掲げられた「平和で民主的な国家及び社会の形成者」の育成を，いかにして達成していくか，教育に携わる人々が深く考え，その実現に向けて不断の努力をする必要がある。

参考文献

中野光・平原春好『教育学（補訂版）』有斐閣，2004年
木村元・小玉重夫・船橋一男『教育学をつかむ』有斐閣，2009年
田中智志・今井康雄編『キーワード現代の教育学』東京大学出版会，2009年

学びを深めたい人へ

ラングラン,P.著，波多野完治訳『生涯教育入門』全日本社会教育連合会，1971年
苅谷剛彦『学力と階層』朝日新聞出版，2008年
センゲ,P. M.ほか著，リヒテルズ直子訳『学習する学校』英治出版，2014年

索　引

あ行

赤井米吉　186
アクティブ・ラーニング　51
芦田恵之助　187
新しい学力観　49
アメリカ教育使節団　120, 189
アリストテレス　170
生きる力　49, 59, 72, 109, 196
いじめ　78, 101, 155, 167, 198-200
一条校　135, 152
一年早産説　3
一斉教授　60
一斉授業　60
一般教育学　175
隠者の夕暮　174
インフォーマル・エデュケーション
　　193, 194
エミール　56, 173
エリクソン, E. H.　19
及川平治　186
被仰出書　34, 181
恩物　176

か行

改正教育令　182
ガイダンス　96
開発教授　57
開放制教員養成　120
学習権　9
学習指導　92, 109
学習指導要領　46-53, 71-77, 86-89, 147,
　　153, 191
各種学校　136
学制　34, 120, 131, 168, 181
学徒出陣　188
学力の振り子論　53
学級王国　108
学級活動　84, 88, 89
学級経営　107
学級担任制　107
学校安全　154, 203
学校教育法　37-40, 151-154
学校教育法施行規則　46, 153

学校行事　85, 88
学校経営　103
学校体系　133
学校と社会　57, 177, 178
学校評価　106, 155
学校保健　154, 203
学校保健安全法　154, 203
課程主義　131
カリキュラム　42
カリキュラム・マネジメント　51
環境閾値説　16
カント, I.　1, 2, 30
期待される人間像　191
木下竹次　187
基本的人権　198, 202
義務教育　131, 150, 184
キャリア教育　90
教育委員会　154, 155, 165-167
教育委員会法　160
教育課程　42, 152
教育課程の諸類型　44
教育課程の3つの次元　43
教育基本法　35-37, 149-151
教育行政　158
教育行政の3原則　159
教育財政　167
教育刷新委員会　121, 189
教育職員免許法　121
教育相談　98
教育長　165, 167
教育勅語　34, 69, 184, 190
教育に関する考察　172
教育ニ関スル勅語　34, 69, 184
教育の機会均等　9, 132, 150, 168
教育の中立性　133, 151
教育目的　29
教育目標　37
教育令　182
教育を受ける権利　9, 149
教員　118
教員像の類型　121
教員の地位に関する勧告　123
教員免許更新制　127
教科外課程　42

教科課程　42
教学刷新評議会　188
教学聖旨　68, 183
教科担任制　107
教師の倫理綱領　123
教授　10
教職実践演習　127
教職大学院　127
クラブ活動　85
グループ学習　61
訓育　10
経験主義　48, 59, 178
形式陶冶　10-12
系統主義　48, 58
ゲゼル，A. L.　15
ゲルトルート教育法　175
顕在的カリキュラム　43
研修　125
公教育　129
公教育の3原則　131
公民教育　70
国際理解教育　205
国民学校令　34, 188
個人内評価　65
五段階教授説　57, 176
子どもの権利条約　204
小原國芳　186
個別学習　61
コメニウス，J. A.　55, 56, 170, 171

消極教育　56, 173
ショーン，D.　127
諸学校令　183
助教法　60
新教育運動　186
進歩主義教育　58
進路指導　88, 95
スキャモンの成長曲線　21
スコット，M. M.　60
鈴木三重吉　187
生活指導　96, 97
成熟　13
成長　14
生徒指導　92
生徒指導提要　79, 93
青年学校　188
生理的早産　3
世界人権宣言　204
世界図絵　56, 171
絶対評価　64
潜在的カリキュラム　43
専修学校　135, 136
全人教育　186
専門教育　11
総合教育会議　165, 167
相互作用説　16
相対評価　64
ソーンダイク，E. L.　11
ソクラテス　169

さ 行

澤柳政太郎　186
産婆術　169
ジェンセン，A. R.　16
自己指導能力　93
実質陶冶　10-12
児童会・生徒会活動　84
児童権利宣言　9, 204
児童の権利に関する条約　204
師範学校令　120
師範タイプ　120
自由研究　86
修身　69, 182, 184
主体的・対話的で深い学び　51
シュタンツだより　174
シュテルン，L. W.　15
シュプランガー，E.　33

た 行

大教授学　55, 171
第2の誕生　174
体罰　99, 100, 153, 154
タブラ・ラサ　172
単線型　134
地域社会との連携　115
知識基盤社会　196
地方教育行政の組織及び運営に関する法律　155, 160
中央教育審議会　163
懲戒　99, 153
勅令主義　149, 160
直観教授　56, 171, 175
手塚岸衛　187
デューイ，J.　33, 57, 58, 177-179
デュルケーム，É.　6

寺子屋　60, 121
道具主義　178
道徳教育推進教師　75
道徳の時間　70
陶冶　10
特別活動　81
特別教育活動　87, 88
特別支援教育　139
特別の教科　道徳　52, 76
ドルトン・プラン　186

な 行

日本教職員組合（日教組）　123
日本国憲法　148
人間の教育　176
年限主義　131
ノンフォーマル・エデュケーション
　193-194

は 行

ハヴィガースト, R. J.　18
白鳥の歌　175
八大教育主張　187
発達　13
発達課題　16
発達段階　16, 18, 20
汎知学　171
ピアジェ, J.　16, 17, 22
フォーマル・エデュケーション　193
複線型　134
輻輳説　15
普通教育　11
不登校　101, 201
プラトン　169, 170
ブルーナー, J. S.　12
フレーベル, F. W. A.　176, 177
プログラミング教育　52
分岐型　134

平和教育　205
ペスタロッチ, J. H.　56, 174, 175
ヘルバルト, J. F.　30, 57, 175, 176
法律主義　149, 159, 160
ホームルーム活動　84
ポルトマン, A.　2

ま 行

マーラー, M. S.　14
マネジメント　117
民主主義と教育　33, 178
無償制　132, 184
無知の知　169
元田永孚　68, 183
モニトリアル・システム　60
森有礼　120
問題解決学習　57
モンテッソーリ, M.　179, 180
問答法　169
文部科学省　162

や 行

山本鼎　187
ゆとり教育　49
4大教育指令　189
四段階教授説　57, 175

ら 行

リーンハルトとゲルトルート　174
臨時教育会議　186
臨時教育審議会　162
ルソー, J. J.　56, 172, 173
ルター, M.　130, 170
レディネス　15
ロック, J.　171, 172

わ 行

ワトソン, J. B.　15

＜編者略歴＞

湯川　次義（ゆかわ　つぎよし）
早稲田大学　名誉教授　博士（教育学）
主な著書
『戦後教育改革と女性の大学教育の成立―共学・別学の並立と特性教育の行方』（早稲田大学出版部，2022年）
『近代日本の女性と大学教育―教育機会開放をめぐる歴史』（不二出版，2003年）
『早稲田大学百五十年史　第一巻』（早稲田大学出版部，2023年）（共著）
『学校沿革史の研究』総説，大学編1，大学編2　（野間教育研究所，2008～2016年）（共著）

久保田　英助（くぼた　えいすけ）
関東学院大学　社会学部教授　博士（教育学）
主な著書
『幼児教育系学生のための日本語表現法―保育実践力の基礎をつくる初年次教育』（東信堂，2019年）（共著）
『新版　理工系学生のための日本語表現法―学士力の基礎をつくる初年次教育』（東信堂，2010年）（共著）

奥野　武志（おくの　たけし）
弘前学院大学　文学部教授　博士（教育学）
主な著書
『兵式体操成立史の研究』（早稲田大学出版部，2013年）
「西周における道徳と教育―『東京師範学校ニテ道徳学ノ一科ヲ置ク大意ヲ論ス』の史的位置」（『関東教育学会紀要』第35号，2008年）
「札幌農学校兵学科に関する一考察―屯田兵制と札幌農学校」（『地方教育史研究』第38号，2017年）

最新よくわかる教育の基礎

2019年3月30日　第一版第一刷発行
2025年1月30日　第一版第四刷発行

編著者　湯　川　次　義
　　　　久保田　英　助
　　　　奥　野　武　志

発行所　株式会社　学　文　社
発行者　田　中　千　津　子

〒153-0064　東京都目黒区下目黒3-6-1
電話(03)3715-1501(代表)　振替 00130-9-98842
https://www.gakubunsha.com

落丁，乱丁本は，本社にてお取り替え致します。
定価は，カバーに表示してあります。

印刷／東光整版印刷㈱
＜検印省略＞

ISBN 978-4-7620-2870-0

Ⓒ 2019 Yukawa Tsugiyoshi, Kubota Eisuke & Okuno Takeshi　Printed in Japan